NOTICE HISTORIQUE

SUR

LA VILLE DE CREST

(DRÔME)

Par l'Abbé VINCENT

Membre de l'Institut historique de France

ET

Correspondant du Ministère de l'Instruction publique pour les Travaux historiques

Publiée sous le patronage

De M. le Préfet et de MM. les Membres du Conseil général de la Drôme.

VALENCE
IMPRIMERIE E. MARC AUREL, RUE DE L'UNIVERSITÉ

1859

NOTICE HISTORIQUE

SUR

LA VILLE DE CREST

(DRÔME)

NOTICE HISTORIQUE

SUR

LA VILLE DE CREST

(DRÔME)

Par l'Abbé VINCENT

Membre de l'Institut historique de France

ET

Correspondant du Ministère de l'Instruction publique pour les Travaux historiques

Publiée sous le patronage

De M. le Préfet et de MM. les Membres du Conseil général de la Drôme

---

VALENCE

IMPRIMERIE E. MARC AUREL, RUE DE L'UNIVERSITÉ

1859

NOTICE HISTORIQUE

SUR LA VILLE DE CREST

Saisir dans leur ensemble les divers évènements dont se composent les annales d'une nation, les unir, les rattacher entr'eux comme les anneaux d'une chaîne, telle est la tâche de celui qui veut mettre en scène le drame de la vie d'un grand peuple. Mais l'histoire locale n'exige ni les mêmes règles, ni les mêmes devoirs ; son domaine s'exerce sur une multitude de petits faits que réprouverait une œuvre de longue haleine ; elle pénètre au foyer de chaque famille et raconte avec détails, aux habitants d'une ville ou d'un bourg, la fortune de leurs aïeux et les vicissitudes ignorées de la terre natale.

Il faut se hâter de recueillir les traditions, car elles s'affaiblissent et vont se perdant chaque jour, sous l'uniformité de la civilisation moderne ; encore quelques années, et il ne restera plus rien de l'héritage du passé. L'incurie, les révolutions et un vandalisme stupide ont enlevé ou détruit les précieux monuments à l'aide desquels il eut été facile de recomposer les annales de chaque cité. Les antiquaires déploreront à jamais les lacunes immenses que présentent spécialement les archives de quelques villes du Dauphiné, autrefois importantes, et aujourd'hui végétant à l'ombre de leur ancienne splendeur. Dans ce nombre figure Crest ; c'est avec peine qu'en fouillant les dépôts publics, on parvient à découvrir les titres et les témoignages qui redisent une partie du rôle actif qu'il fut appelé à jouer durant la période si féconde des convulsions du moyen-âge ; ceux des agitations sanglantes de la réforme sont enfouis dans le silence, enveloppés d'un voile que les recherches les plus minutieuses ne parviennent qu'à soulever faiblement. Ce qu'on aperçoit fait pressentir de grands évènements ; mais des conjectures, des inductions plus ou moins contestables, des documents incomplets suffisent-ils à exciter l'intérêt et à donner de la vie à des actes isolés, désunis et privés souvent de cette couleur locale qui répand tant de charmes sur le récit ?

Avec de pareilles difficultés, la monographie de Crest ne saurait présenter un corps homogène, une suite de faits se déroulant sans interruption ; elle ne renferme que des fragments historiques ; cependant ces mêmes fragments, ces lambeaux échappés à l'oubli et dépourvus de détails, réveilleront le patriotisme et seront accueillis avec sympathie ; car ils jettent un peu de lumière sur les gestes de nos devanciers et se posent à nos regards, comme les traits principaux d'un tableau, où se reflètent les mœurs, les usages, les gloires, les malheurs et les péripéties d'une société qui n'est plus.

L'origine de Crest ne paraît point devoir remonter au-delà du dixième siècle. Il porte dans les titres latins du moyen-âge le nom de *Cresta Arnaudorum* ; à cette appellation se rattache tout à la fois la nature de son assiette et la mémoire de ses fondateurs ; il est bâti sur un monticule élevé, rapide, incliné de toutes parts et ressemblant à une crête, *cresta*. Le surnom d'*Arnaudorum* servait à rappeler le souvenir de la puissante famille à laquelle il appartenait, ou par droit de conquête, ou par droit de fondation. Les généalogistes et les historiens parlent peu des Arnaud ; mais la ville de Crest-*Arnaud*, mais Châtel-*Arnaud* et la Baume-des-*Arnaud* sont là pour attester leur existence et redire un nom qui, malgré le silence des chroniqueurs, ne fut pas sans retentissement dans nos contrées. Les Arnaud possédaient de riches fiefs sur les bords de la Drôme et aux extrémités du Diois ; ces fiefs, il fallait les défendre contre les envahissements de voisins jaloux et ambitieux ; de là ces châteaux construits sur leurs terres en des points culminants et dont les tourelles élevées dominaient de loin la campagne, protégeaient les villages et servaient de refuge à leurs nombreux vassaux.

Dès le principe, le château de Crest empruntait sa sécurité et sa force, plutôt à la nature de sa position topographique qu'aux travaux d'art et aux ouvrages commandés par le seigneur du lieu. Des murailles épaisses et quelques tours crénelées composaient alors ses fortifications et suffisaient pour arrêter les bandes spoliatrices qui dévastaient le pays. La crainte du pillage fit abandonner les campagnes envahies trop souvent, et les populations effrayées se portèrent instinctivement vers les lieux qui leur offraient un asile plus sûr. Le manoir féodal vit se grouper autour de lui de pauvres et chétives demeures; manants et tenanciers accouraient, et, par de nouvelles constructions, formèrent le noyau d'un bourg considérable que l'industrie de ses habitants devait placer, dans un avenir prochain, au rang des villes les mieux partagées du Dauphiné.

Le grand nombre d'églises que possédait Crest vers le douzième siècle, atteste la rapidité avec laquelle il s'étendit et se développa. Sa population croissait, attirée par des priviléges qui assuraient aux vassaux une existence, sinon heureuse, du moins à l'abri de toute violence et de toute vexation. Le crédit du seigneur, ses alliances avec les plus puissantes familles du voisinage; la force des murs qui environnaient l'enceinte et allaient se relier au château, enfin des franchises municipales généreusement octroyées, toutes ces considérations pesaient dans la balance et déterminaient un mouvement d'émigration; Crest devint promptement le refuge d'un grand nombre d'opprimés fuyant l'anarchie et prêts à abdiquer leur indépendance en faveur de quiconque saurait les défendre et leur donner appui.

La fabrication de draps grossiers, le flottage des bois sur la Drôme et la culture d'un sol fécond constituaient des éléments de bien-être et de prospérité qu'on eut vainement demandés aux communautés des environs. Les Arnaud envisageaient Crest comme le plus important de leurs fiefs, et cependant ils s'en dessaisirent en 1146, au profit de Hugues II, évêque de Die; avec la terre de Crest, ils cédèrent encore Saint-Médard, Aoste et Saint-Benoît. L'histoire ne nous a point révélé les motifs qui leur inspirèrent un acte si peu en harmonie avec les idées de domination qu'on attribue, trop légèrement peut-être, aux barons et aux châtelains du moyen-âge. Comme la famille des Arnaud ne reparaît plus sur la scène, il est à présumer qu'elle s'éteignit dans le bienfaiteur de l'église de Die, et que la privation d'un héritier ne fut pas étrangère à sa détermination (1).

A dater de cette aliénation, la bannière épiscopale fut arborée sur les tours du château; les officiers préposés à l'administration de la justice et au gouvernement intérieur relevèrent de l'évêché et agirent en son nom. Nous verrons, dans la suite, les prélats de Die user de tous les droits seigneuriaux, exerçant l'autorité souveraine et prenant part aux évènements qui s'accomplirent à

---

(1) *De rebus gestis episc. Diensium et Valent.*, par Columbi, p. 76.

Crest. Leur suprématie douce et bienveillante donna lieu à des querelles de juridiction vidées souvent les armes à la main. L'ambition des Poitiers se dressa devant eux, comme le génie du mal, et leur fit présager un avenir gros de troubles et de dangers; constamment en présence d'un rival inquiet et brouillon, ils ne négligèrent aucun moyen de fortifier leur puissance et d'agrandir leur domaine temporel, pour lutter avec succès et parer aux éventualités. Par l'inertie de Rodolphe III, le second royaume de Bourgogne était tombé en dissolution ; tous les feudataires avaient secoué le joug d'un prince lâche et inhabile. Les empereurs d'Allemagne lui succédaient; mais de longues guerres soutenues en Italie ne leur permirent point de faire valoir des droits jusque-là méconnus. Frédéric dit *Barberousse,* fut le premier qui tenta de se poser en suzerain de la Bourgogne et du Dauphiné. Ses efforts et ses protestations n'aboutirent qu'à un vain et stérile hommage de fidélité. Il approuva sagement ce qu'il n'avait pu empêcher et, par l'octroi de chartes, de terres et de fiefs, put garder une ombre de puissance sur des vassaux indépendants. Les évêques de Valence furent gratifiées largement en 1157; plus tard, ce même prince étant à Arles pour revendiquer une couronne à jamais brisée, on lui rendit tous les honneurs dus à sa souveraineté. Ainsi flatté par les grands, il rêvait peut-être le rétablissement de l'ancien royaume d'Arles; de nouveau sa munificence éclata en faveur de ceux qu'il voulait gagner à sa cause. Robert, évêque de Die, obtint de Frédéric, pour lui et ses successeurs, le titre de prince de l'empire et de comte de Diois; la donation des Arnaud fut confirmée et le patrimoine de son église augmenté de l'abandon de dix-huit fiefs adjacents ou peu éloignés. La charte donnée à Arles, en 1178, n'attribue au prélat que la moitié de la juridiction sur Crest; l'autre portion relevait, selon toute apparence, de Silvion, qui la cèdera, en 1226, à Guillaume de Savoie, évêque de Valence (1).

Robert, comblé des faveurs impériales, s'achemina vers Die où l'attendaient de graves difficultés suscitées par les prétentions d'Aymar de Poitiers, comte de Valentinois. Celui-ci voyait avec dépit le prompt accroissement du pouvoir temporel des évêques de Valence et de Die, et convoitait ardemment les terres de ses deux plus puissants voisins. Promesses, intrigues, menaces, séductions, tels étaient les moyens qu'il employait pour augmenter son influence et acquérir de nouveaux fiefs. Quand le résultat de ses menées ne répondait pas à ses désirs, il en appelait au droit du plus fort et suivi de vassaux aguerris, il ravageait les campagnes et s'emparait des châteaux-forts, au nom de la maxime des flibustiers : ce qui est bon à prendre est bon à garder.

---

(1) *De rebus gestis episc. Diensium et Valent.*, par Columbi, p. 101.

Fidèle à sa politique d'envahissement, il s'était ménagé une part de la juridiction seigneuriale sur Crest. Une charte datée de 1188, prouve que dès cette époque, il se regardait comme souverain de cette ville, au sein de laquelle, ses largesses et sa munificence lui avaient créé de nombreux partisans. Ce document ancien mérite d'être consigné ici; car il fut souvent invoqué par les habitants comme garantie de leurs franchises et privilèges, à l'encontre des charges qu'on voulait leur imposer.

« L'an de l'incarnation de Notre Seigneur, mil
« cent quatre-vingt-huit, au mois de mars, indic-
« tion septième, moi, Aymar de Poitiers, comte de
« Valentinois, je donne, j'alloue et je concède une
« liberté entière à tous mes *hommes* (justiciables)
« de Crest présents et à venir, de telle manière
« qu'en aucun temps, de ma part ou de celle de
« mes successeurs, ils ne soient contraints de sup-
« porter des exactions violentes et injustes, ni de
« servir contre leur gré de cautions, ni d'otages,
« sauf mes lois, justices, bans, expéditions et lo-
« gement de cent soldats. Je confirme par serment
« que toute ma vie je maintiendrai ces franchises.
« Fait dans l'église de Sainte-Marie de Crest, en
« présence de sire Robert, évêque de Die, de sire
« Eustache, doyen de l'église de Valence, mon
« oncle, de Pierre de Pinet, d'Elie, procureur, de
« Philippe, chanoine de l'église de Die, de Guil-
« laume, prieur de Saint-Médard, de Ponce de

« Saint-Préjet, de Gengion de Vaiva, de Jarenton,
« religieux, et de plusieurs autres. »

L'exercice de la justice, l'obligation de prendre les armes et le logement des troupes sont consacrés dans cette charte et ne peuvent être expliqués que par la puissance de la directe, ou totale ou partielle sur Crest. Le partage de la juridiction entre plusieurs co-seigneurs entraînait de nombreux abus qu'une administration résolue, mais unique, aurait fait disparaître. Les forces de la société étant éparpillées et subdivisées, elle se trouvait à la merci des plus audacieux; à ce désordre il fallait un remède que la féodalité était impuissante à appliquer, puisque le mal découlait de sa propre constitution.

Crest possédait les églises ou prieurés de Saint-Sauveur, de Sainte-Marie, de Saint-André, de Saint-Jacques, de Crescelone et de Brisans; dans la campagne, non loin des murs d'enceinte, s'élevait encore une église de paroisse dont le vocable nous est inconnu. La perception des dîmes et le droit de nommer à ces divers bénéfices donnèrent lieu à quelques démêlés où figuraient l'évêque de Die, les chanoines de Saint-Médard, l'évêque du Puy et les chanoines de Saint-Ruf. La querelle fut terminé en 1196, par l'entremise de Bernard, cardinal de Saint-Pierre-aux-Liens et légat du siége apostolique. L'auguste médiateur assigna à l'abbé de Saint-Ruf, tout ce que possédait l'évêque du Puy dans l'église de Saint-Sauveur, excepté le tiers des dîmes, la cense annuelle et le patronage d'une chapelle qui furent abandonnés aux religieux de Saint-Médard. Les autres droits étaient dévolus à l'évêque de Die, ainsi que la collation des églises de Saint-André, de Saint-Jacques et de la paroisse *extrà-muros*. Les dîmes de l'église de Crescelone devaient être partagées entre l'évêque de Die et l'abbé de Saint-Ruf ; quant à l'église de Brisans, il fut réglé que le clergé de ce prieuré ne percevrait aucune dîme, mais qu'il aurait la jouissance des offrandes pour les défunts, sauf la portion canonique attribuée à l'abbé pour droit et sépulture (1).

Etrangers à cette lutte pacifique, les habitants voyaient, sans effroi, moines et prélats se disputer des revenus dont la modification ne touchait ni à leur repos ni à leur tranquillité. Mais au loin grondait l'orage ; l'horizon social était gros de tempêtes et le souffle de l'ouragan menaçait de tout renverser. Pierre Valdo ou de Vaud, se posant en réformateur, avait, dès l'an 1160, semé dans les montagnes du Dauphiné des doctrines subversives et en opposition avec les dogmes de la foi catholique. Ses prosélytes se répandirent en Languedoc et infectèrent principalement de leurs erreurs le diocèse d'Alby ; de là le nom d'Albigeois qui leur est resté. Reymond, comte de Toulouse, fut accusé de favoriser les novateurs et se vit dépouillé de ses Etats, malgré le puissant secours que lui donnèrent

---

(1) Columbi, 104.

ses amis. Comme les hérétiques s'opiniâtraient à faire prévaloir leurs idées par la force des armes, une croisade fut proclamée. Simon de Montfort, nommé généralissime de l'armée destinée à les combattre, obtint sur eux de brillants succès et réduisit leurs protecteurs à l'impuissance. Courtisan du malheur et fidèle au comte de Toulouse, Aymar de Poitiers ne craignit point de soutenir la cause des révoltés ; il fortifia ses places et les confia à la garde des plus vaillants chevaliers du Diois et du Valentinois. Le chef des croisés s'avançait de triomphe en triomphe à travers le Languedoc ; il arriva sous les murs de Crest et en forma aussitôt le blocus ; mais il éprouva une résistance qui le déconcerta. Guy-Adhémar, seigneur de Monteil, commandait la place et tenait en respect les forces des assiégeants ; retranché avec ses hommes d'armes derrière les créneaux du donjon, il bravait l'ennemi, lui opposant la vigilance, le courage et l'intrépidité. Le siége semblait devoir traîner en longueur, lorsque Montfort rappelé par delà le Rhône, se rendit aux propositions d'accommodement que lui firent Eudes, duc de Bourgogne et les deux archevêques de Vienne et de Lyon. La paix fut signée à Romans, en 1213 ; aux termes du traité, le siége de Crest était levé ; mais les croisés laissaient une garnison dans les forteresses qu'Aymar leur abandonnait comme gages de sa fidélité à remplir les engagements qu'on lui avait fait contracter (1).

(1) *Histoire du Dauphiné par Chorier*, tome II, page 93. — *Id. du Languedoc*, D. Vaissette, tome III, page 255.

Cependant, le comte de Valentinois, oublieux de ses promesses et devenu plus hardi par l'éloignement du péril, déclara la guerre à Humbert de Mirabel, évêque de Valence; il ne crut pas indigne de son caractère de se faire le détrousseur des pèlerins qui traversaient ses fiefs pour se rendre à la croisade. Enflé de quelques succès remportés sur le prélat et encouragé par la vue de son coffre-fort qu'avaient empli les dépouilles des croisés, il se déclara de nouveau en faveur du jeune comte de Toulouse qui était parvenu à s'emparer de la Provence. Montfort, dont le courage se mesurait aux difficultés, sort du Languedoc, soumet le comtat et pénètre en Dauphiné pour le pacifier. Montélimar lui ouvre ses portes; de là, il vient mettre le siége, une fois encore, devant Crest, principal boulevard du téméraire allié de Reymond VI. L'armée fit des prodiges de valeur; ses efforts se brisaient contre un donjon que sa position et la force de ses murs rendaient imprenable. La garnison avait juré de garder la place ou de mourir sur la brèche; d'ailleurs, elle était largement approvisionnée de vivres et de munitions; la résistance semblait donc assurée et la famine seule pouvait triompher à la longue du courage des défenseurs de Crest.

Les évêques de la contrée réunis dans le camp avec le cardinal Bertrand, légat du Saint-Siége, firent pressentir à Aymar que Simon inclinait vers la paix et le conjurèrent d'éloigner la honte et le désordre qui le menaçaient. Les instances des prélats, les conseils de ses amis et le spectacle des ravages exercés sur ses terres ébranlant sa résolution, il accéda aux vœux qu'on lui manifestait de tout côté et signa une paix cimentée par le mariage de sa fille avec le fils de Montfort. Quand fut levé le siége, bien des ruines apparurent ; bien des châteaux soumis au comte de Valentinois avaient été brûlés et saccagés ; mais au donjon de Crest restait la gloire d'avoir résisté deux fois aux troupes victorieuses du plus grand capitaine de ce siècle, si fécond en faits d'armes et en évènements du plus haut intérêt (1).

Cet épisode de la guerre des Albigeois n'est point raconté de la même manière par les historiens ; je l'ai exposé d'après Chorier et d'autres auteurs. Selon le témoignage d'un auteur anonyme, le dénouement fut amené par une infâme trahison ; Arnaud d'Aydie, gouverneur de la place, aurait livré la ville, et, par sa félonie, modifié les chances de la lutte au profit des assiégeants. Quoi qu'il en soit, le siége de Crest eut un grand retentissement ; au manoir féodal et au camp, châtelains et chevaliers devisaient sur la vaillance de sa garnison et mêlaient ses gestes aux récits merveilleux qui charmaient leurs loisirs (3).

La double et glorieuse attaque, dont Crest avait

---

(1) *Histoire du Dauphiné*, tome XXI, page 99. — *Histoire du Languedoc*, par Vaissette, tome III, page 298.

(2) *Histoire du Languedoc*, tome III, page 83.

été l'objet, apprenait à Aymar que cette ville était la plus importante de ses comtés et provoquait chez lui une affection qui se traduisit en bienfaits et en chartes d'affranchissement. Les murs d'enceinte n'avaient pu résister aux balistes et aux catapultes; de larges brèches s'ouvraient en plusieurs endroits. Les habitants se rappelaient avec enthousiasme les incidents d'une guerre qui immortalisait leur patrie; mais cette patrie était en deuil; le siége avait interrompu le travail, épuisé l'escarcelle du tenancier et ruiné l'artisan; une extrême pénurie régnait dans chaque famille. Le comte de Valentinois, ému de tant de souffrances endurées pour sa cause, chercha à les soulager en diminuant les charges et les redevances; puis, s'inspirant de ce sentiment religieux qui animait les barons du moyen-âge, il fonda, en 1220, une maison de Frères Mineurs de Saint-François, en face de Crest et sur la rive gauche de la Drôme. L'élégance et la richesse architecturales de l'église, du clocher et des bâtiments claustraux, proclamaient la piété et la munificence du sire de Poitiers. Ses successeurs, jaloux de contribuer à la prospérité du nouvel établissement, le dotèrent de revenus et de biens-fonds considérables. En 1348, dame Polie de Poitiers légua aux Frères-Mineurs ou Cordeliers une rente de dix livres pour la création d'une chapelle dans l'église du couvent. Un testament daté de 1402 constitue à perpétuité une grand'messe *pro defunctis;* Aymar exige qu'à la fin du service solennel, tous les religieux assistent au chant du *Libera me*. En retour de cette condition qui devenait gênante, ou accuse, peut-être, un relâchement dans la ferveur, il leur abandonne les revenus des moulins et des gauchoirs, qu'ils seront toutefois chargés d'entretenir à leurs frais. Enfin, Louis de Poitiers, dernier comte de Valentinois, fait construire une seconde chapelle, en 1419, sous le vocable de la vierge Marie (1).

L'église des Cordeliers servait de sépulture aux Poitiers ; tous venaient succesivement à l'*enfeu* de la famille ; aussi, le pavé de la nef n'était-il composé que de pierres tumulaires. De nombreux caveaux s'ouvraient en dessous pour recevoir les dépouilles mortelles de ces Aymar dont le nom a sa place dans les annales de toutes nos provinces. Guerriers et ambitieux, leur vie s'écoulait au camp, bien plus que sous leurs splendides manoirs d'Étoile, de Grane ou de Marsanne. Mais, pour eux comme pour le dernier de leurs vassaux, arrivait le terrible quart d'heure de Rabelais, une tombe était au bout de cette existence agitée ; il fallait y descendre après avoir quitté le casque et la couronne ; du moins cette tombe n'était pas solitaire ; des moines agenouillés priaient chaque jour pour le repos des hauts et puissants comtes de Valentinois (2).

La fondation du couvent des Cordeliers n'empê-

---

(1) Archives de la chambre des comptes. — Id. de la préfecture.
(2) *Histoires des comtes en Valentinois*, par Duchêne, 28.

chait point Aymar de veiller soit à l'agrandissement de son influence, soit aux évènements qui, de près ou de loin, touchaient à ses intérêts. Issu d'une ancienne famille de Crest, Silvion avait une part de la juridiction seigneuriale et jouissait encore de la directe sur plusieurs châteaux des environs. Il était entré dans la carrière ecclésiastique et avait été promu à la dignité de doyen de l'église de Valence; ses rapports fréquents avec l'évêque et l'esprit d'abnégation qui l'avait jeté hors du monde lui inspirèrent l'abandon des avantages qu'il devait à sa naissance; car, le troisième jour des ides de mars de l'an 1226, il céda, à Guillaume de Savoie, les terres d'Aoste, de Divajeu et tous les droits féodaux qu'il exerçait sur une partie de Crest (1). Cet acte de renonciation irrita le comte de Valentinois et le disposa à mettre sa propre ambition en travers d'un arrangement qui augmentait le crédit d'un rival déjà fort et redoutable; mais l'attitude et l'énergie de l'évêque donataire le contraignirent à ajourner ses projets d'agression. Son mauvais vouloir à peine contenu éclata peu de temps après. Un traité venait d'être conclu; aux termes de ce traité, la ville de Crest et le bourg d'Allex devaient être régis par indivis. La terre de Bésignan, autre sujet de contestation, demeurait au pouvoir du prélat, qui s'engageait à ne construire aucune forteresse de Valence à Livron.

---

(1) Columbi, page 54. — *Histoire du Dauphiné*, tome II, page 120.

Consenti sous l'empire des circonstances, cet accommodement parut bientôt onéreux au comte de Valentinois; il prit les armes et s'empara de Crest, d'Allex et de Bésignan, avec d'autant plus de facilité que Philippe de Savoie, alors évêque de Valence, ne semblait défendre ses droits que par des prières et des représentations pacifiques. Aymar ne voyant dans cette modération qu'un témoignage de l'impuissance de son adversaire, donna libre carrière à son humeur martiale et se jeta à la tête de son armée, sur les terres du prélat, semant partout le pillage, la dévastation et la mort. L'archevêque de Vienne et les seigneurs des environs entreprirent vainement de mettre un terme aux hostilités ; leurs généreux efforts échouèrent devant la ténacité et l'arrogance du comte; cependant, soit crainte des censures, soit lassitude et épuisement, il signa la paix sur de nouvelles instances. Pour la rendre plus durable, les médiateurs exigèrent que Gigors, Pontaix et le Pouzin seraient livrés à l'évêque, comme ôtages; celui-ci livra, de son côté, Saint-Marcel et Châteauneuf d'Isère. Cette levée de boucliers n'était que le prélude des sanglantes guerres que les comtes de Valentinois allaient soutenir contre les évêques de Valence, pour leur arracher un fief important, où seuls ils voulaient dominer ; leur politique ombrageuse ne souffrait pas de rivaux, et pour réaliser ses coupables desseins, nous la verrons lutter, pendant deux cents ans; l'incendie, la destruction des villages, la ruine des vassaux, tels furent les moyens qui conduisirent les sires de Poitiers à la puissance exclusive du souverain domaine sur la ville de Crest (1).

Pendant cette douloureuse période, les habitants eurent constamment, sous leurs yeux, les fruits de la guerre civile et de l'anarchie ; toujours sur le qui-vive, toujours en alarmes, ils passaient tour-à-tour des Poitiers aux prélats et des prélats aux Poitiers, rançonnés par tous les partis, et dans leur détresse, réduits à contracter de lourds emprunts, aujourd'hui pour réparer leurs fortifications, demain pour satisfaire aux exigences des prétendants. L'histoire n'a point enregistré les détails de ce drame émouvant ; les phases, les péripéties de ces luttes armées, de ces conflits soulevés par l'ambition et la jalousie, ne sont retracées qu'imparfaitement dans les annales du Dauphiné : mais les faits, échappés à l'oubli ou à l'indifférence, nous donnent la mesure des calamités qui pesèrent sur le Valentinois et en particulier sur Crest.

Depuis un siècle, les évêques de Valence et de Die ne goûtaient aucun repos, livrés, malgré eux, aux agitations d'une guerre à laquelle les rendaient peu propres un caractère sacré et des habitudes de paix. Les comtes de Valentinois ravageaient leurs terres, rétrécissaient leur domaine temporel et

---

(1) Archives de la chambre des comptes. — *Histoire du Dauphiné*, tome II, page 120.

travaillaient à miner leur indépendance. Afin de mettre un terme aux violences et aux excès d'une conflagration permanente, qui couvrait de ruines les fiefs dépendants de ces deux églises, le pape Grégoire X, alors au concile de Lyon, publia une bulle datée du 7 des calendes d'octobre de l'an 1275, par laquelle il unissait les évêchés de Valence et de Die. Cet acte avait une haute portée, puisqu'en concentrant dans les mêmes mains des forces jusque-là éparses et divisées, il doublait la résistance aux empiètements et garantissait plus sûrement le précieux dépôt confié au titulaire. Amédée de Roussillon ne tarda pas à se prévaloir de sa nouvelle position; voulant parer aux tentatives d'Aymar à l'encontre de son autorité, il fortifia le prieuré de Saint-Médard du consentement de l'abbé de Saint-Ruf et leva le ban et l'arrière-ban dans toute l'étendue du Diois. Les deux chapitres épousaient sa cause et manifestaient un sentiment commun de dévouement. Un troisième chapitre tiré de l'un et de l'autre, fut établi à Crest dans l'église de Saint-Sauveur; son influence ne contribua pas peu à gagner des partisans au prélat et à sauvegarder ses intérêts. De chaque côté, on se préparait à entrer dans la lice avec une égale ardeur. Le comte, brûlant de se mesurer avec un adversaire dont il méconnaissait la valeur, lui suscita mille difficultés; il alléguait les divers changements opérés dans plusieurs églises soumises à son patronage, du chef de ses aïeux; c'était les prieurés de Saint-Médard et de Brisans, situés à Crest, et celui de Saint-Médard-de-Piégros desservi d'abord par des Augustins, puis donné aux religieux de Saint-Ruf. Il se plaignait vivement de ce qu'il appelait un déni de justice et une atteinte à ses droits; ses instincts le poussaient à redresser lui-même ses griefs par l'épée; cédant à une réserve qui lui était peu familière, il en appela cependant au souverain Pontife n'ignorant pas qu'Amédée ne défèrerait point à ce suprême arbitrage. Les circonstances lui permirent bientôt de signifier au prélat qu'il avait choisi le Pape pour juge de leur différend. Amédée était à Crest, délibérant avec le chapitre réuni dans l'église de Saint-Sauveur. Dagenau, commis par Aymar, se présente aux portes; des hommes armés, placés là en sentinelles, lui refusent l'entrée du temple. Impuissant à pénétrer jusqu'au prélat, il fait connaître à ses serviteurs les volontés et les ordres du comte; ce n'était rien moins qu'un défi et une déclaration de guerre. Le gant, si imprudemment jeté, fut relevé par Amédée avec la fierté que lui donnait la conscience de ses forces; il était prêt à opposer la force à la force, la violence à la violence. Ses troupes s'emparent d'Aoste, de Saillans, de Baron, d'Espenel et de presque toutes les places que le comte possédait dans le Diois. Aux moyens matériels dont il disposait pour sa défense, il joint les armes spirituelles, excommunie Aymar et met ses États en interdit.

Il était occupé au siége de Pontaix, lorsque l'archevêque de Narbonne et Raoul, maréchal de France, vinrent à lui au nom du pape et du roi Philippe pour lui offrir leur médiation; elle fut acceptée et les deux champions signèrent un traité de paix. L'évêque retira ses anathêmes, vida le château qu'il avait pris et fut maintenu dans la possession de Crest et de Divajeu. Cette brillante campagne, pendant laquelle Aoste avait été enlevé d'assaut et Saillans par composition, fut suivie d'une seconde qui devait mettre à la raison les habitants de Romans, toujours enclins à secouer le joug du chapitre de Saint-Barnard et de l'archevêque de Vienne (1).

Les choniqueurs racontent qu'à l'issue de la lutte si glorieusement soutenue par Amédée de Roussillon contre Aymar V, l'habile prélat, que ses faits et gestes rangent parmi les célébrités militaires de son siècle, entreprit de doter Crest d'une citadelle capable de défier les efforts de la plus belle armée. Déjà le château avait subi de rudes épreuves; toutes les machines, tous les engins de guerre employés par Simon de Montfort n'avaient pu entamer ses épaisses murailles. Rien ne saurait mieux peindre les conditions du donjon de Crest, que ce passage de Pierre, moine du Vaux-Cernay, dans lequel il appelle Crest, *château très-illustre, très-fort, bien fourni de chevaliers et de soldats.* Or, cet écrivain

---

(1) *Histoire du Dauphiné*, par Chorier, tome II, page 157-158.

vivait en 1215 ; il était contemporain de Simon de Montfort et il avait même été désigné pour combattre les Albigeois et les ramener aux dogmes de la foi catholique. Ce noble donjon, qui avait arrêté l'armée des croisés, n'était-il plus debout? Quelle puissance avait pu l'abattre? Il existait encore ; mais les travaux, que fit exécuter l'évêque de Valence, se rapportaient problement au château dont il était le principal boulevard. Tel qu'il existe aujourd'hui, le donjon de Crest se compose, il est vrai, de deux parties bien distinctes ; celle qui regarde la ville est d'une date postérieure, et semble, à l'inspection de son architecture, appartenir au quinzième siècle. Privé de documents authentiques, on ne saurait, sans témérité, trancher une question de cette nature et attribuer, à Amédée de Roussillon, une portion considérable de la tour de Crest, tandis que ses efforts se bornèrent peut-être à reconstruire le château adjacent et situé sur les derrières du donjon. Le mot citadelle peut également s'appliquer à un vaste ensemble de fortifications.

Un accord fait, en 1293, réveilla les dissensions assoupies, en fournissant à l'ambition des Poitiers un nouvel aliment. La dauphin Guigues cédait, au comte de Valentinois, le droit qu'il avait sur Crest, Aoste et Divajeu, droit qui avait été cédé par Silvion à l'évêque de Valence. Cette gracieuseté plus que suspecte, aux yeux de tout autre, fut compensée, de la part d'Aymar, par l'abandon de sa suzeraineté sur les baronies de Clérieux et de Chantemerle, sur les terres de Montchenu, de Bathernay, de Larnage et de Claveyson. S'appuyant sur un titre douteux et contestable, les comtes de Valentinois ne tardèrent pas à recommencer les hostilités; mais leur opiniâtreté à s'emparer de Crest appelait l'opiniâtreté et la persistance chez leurs puissants rivaux. Le motif des armements et des incursions subites était toujours le même; le lieu de la scène variait peu; seuls, les acteurs changeaient. Une nécessité de position dictait à leurs successeurs un rôle s'harmoniant du reste avec leur caractère, leurs droits ou leurs prétentions. La guerre succédait aux traités de paix et les traités de paix à la guerre; là, se résume cette longue et douloureuse histoire des conflits sanglants, dont furent les témoins, dans nos contrées, ces villages et ces bourgs, aujourd'hui calmes et tranquilles, ignorants des souvenirs du passé, mais se laissant aller aux douces espérances de l'avenir (1).

Lassés de combattre, ou peut-être épuisés d'hommes et d'argent, Aymar de la Voûte et le comte de Valentinois réglèrent, en 1332, l'exercice du pariage sur Crest; tous deux se réservaient de faire garder simultanément les portes de la ville; cette clause indique assez clairement les sentiments de défiance qui les animaient; c'était une paix armée, symptôme de nouveaux troubles et de

(1) Archives de la Chambre des comptes.

nouvelles agitations. La guerre, en effet, suivit de près ; Grane, Crest et Chabrillan en furent le principal théâtre. Le dauphin, Humbert II, voulant éteindre un incendie qui menaçait de tout embraser, se transporte à Chabeuil, cite Aymar et Henri de Villars, évêque de Valence à paraître devant lui et parvient à leur faire acccpter une trêve. La mort emporta l'un des signataires et dispensa l'autre de ses engagements ; mais le vide que laissait le défunt fut comblé avantageusement par la promotion de Pierre de Châtelux au siége épiscopal (1).

Sorti d'une ancienne famille de Royans le nouveau prélat avait, dès son jeune âge, été façonné aux périls des combats et aux prestiges de la gloire, par le récit des hauts faits de ses aïeux. Il sut continuer l'œuvre d'Amédée de Roussillon, en dépensant comme lui son courage et son activité au soutien des droits de son église attaquée. Vers l'an 1345, ses troupes investissent Crest et se disposent à en former le siége. Le comte de Valentinois accourt pour secourir la place ; avertis de son mouvement, les assiégeants vont à sa rencontre ; mais sûrs de la victoire, ils marchent sans ordre et sans discipline. L'avant-garde d'Aymar, composée de trois cents hommes d'armes, aperçoit les milices épiscopales près du village d'Eurre ; elles présentaient un effectif de cinq mille hommes de pied

---

(1) Archives de la Chambre des comptes.

et de cent hommes d'armes. Il jette un regard confiant sur cette armée présomptueuse, divise sa cavalerie en deux corps et fond sur les troupes du prélat, avec tant de hardiesse, de force et de valeur, qu'il les culbute et les met en fuite, après quelques heures de combat. Deux cents soldats restent sur le champ de bataille et un grand nombre est fait prisonnier (1).

Les nonces du pape, informés d'une défaite si éclatante, crurent le moment favorable pour offrir leur médiation. Elle ne pouvait être acceptée, Pierre de Chatelux et le comte de Valentinois tenant à prolonger les hostilités, l'un pour venger son échec, l'autre pour recueillir les fruits d'une campagne si heureuse, dès son début. Livron, Montelier, Charpey et Barcelonne furent saccagés et brûlés; mais la ville de Crest, l'enjeu et le motif de la querelle, n'eut point à endurer de pareilles horreurs. Une trêve de quelques années suspendit les dissensions qui jusque-là avaient ruiné la contrée et fait couler des flots de sang. Cette halte, ce répit, les deux champions l'employèrent à réparer leurs pertes ou à se procurer de nouvelles ressources pour reprendre la guerre avec succès; car, aveuglés par une folle vanité, les Poitiers voulaient, à tout prix, réaliser les projets de conquête et d'agrandissement qu'avaient rêvés leurs devanciers. Ils mouraient, ils succombaient à la lutte; mais ils

---

(1) *Histoire du Dauphiné*, par Chorier, tome II. p. 321.

léguaient, à leurs héritiers, cette soif de gloire et d'ambition, qui avait dévoré leur existence, consumé leurs trésors et appauvri leurs vassaux (1).

La question du commandement tant de fois mise sur le tapis des champs de bataille, mais jamais vidée, poussa de nouveau les contendants dans la lice et leur fit épuiser, en efforts superflus, une somme de courage, d'intelligence et de richesses qui aurait dix fois sauvé le pays contre l'invasion de l'étranger. Nés pour travailler au bien-être du peuple, ils oublièrent la noblesse et la sainteté de leur mission et semèrent la souffrance et le malheur, là où le tenancier, l'artisan et le manant ne demandaient qu'un peu de sécurité et de protection.

Louis de Villars et Aymar de Poitiers ouvrent la campagne, ravagent les terres, assiégent les châteaux-forts et renouvellent ces calamités qu'entraîne toujours une lutte à main armée. Les fiefs envahis, les bourgs occupés et rançonnés par des troupes plus avides de butin que de gloire, les larmes des veuves et des orphelins, les ruines qui couvraient le Diois et le Valentinois, il y avait là un spectacle de deuil, en présence duquel s'émurent enfin les belligérants. Ils se rapprochèrent et finirent par où ils auraient dû commencer; chacun déroula ses griefs et fit valoir ses droits. Le prélat se plaignit amèrement de ce qu'Aymar, à la tête

(1) *Histoire du Dauphiné*, par Chorier, tome II, p. 321.

de ses troupes, avait attaqué et abattu la tour de Crest; il exposa plusieurs autres dommages dont il demandait réparation. Une transaction eut lieu et mit un terme aux trop longs démêlés qui agitaient nos contrées. Par la cession de Crest au comte de Valentinois, Louis de Villars se désista de la parerie et de la juridiction temporelle qu'il exerçait sur cette ville; il s'engagea aussi à évacuer le fort de Saint-Genis (1) dont il s'était emparé et où il avait mis garnison. En retour de cet abandon, il obtint d'Aymar les terres de Bourdeaux et de Besaudun. Par ce traité, signé le 4 juillet de l'an 1356, fut fermée l'ère si désastreuse que les chroniqueurs de la province enregistrent sous le titre de *guerres des épiscopaux* (2).

Aucun fait saillant ne se révèle dans les annales de Crest, jusqu'aux troubles civils et religieux du seizième siècle; mais, à défaut d'actions éclatantes, de guerres et de prisse d'armes, elles vont nous initier à la vie intérieure de ses habitants et jeter un peu de clarté sur leurs mœurs, leurs usages et leur constitution municipale. Envisagées à ce point de vue, elles offrent le plus vif intérêt au patriotisme de ceux que la monotonie du présent pousse vers les études de la vieille société, pour en saisir le caractère, les lois et les principes fondamentaux.

L'annexion intégrale de Crest au domaine des

---

(1) Dans la commune de Sauzet.
(2) Archives de la Chambre des comptes. — Columbi, 170,

Poitiers, éloigna ces entraves et ces difficultés, qu'un pariage violemment contesté, opposait à leurs vues toujours empreintes d'ambition, il est vrai, mais cependant fécondes et utiles, comme on le voit, par les institutions qu'ils fondèrent. Aymar, devenu seul maître à Crest, résolut de lui assurer la prépondérance sur tous les fiefs qui composaient ses États. Il commença par restaurer le château et le donjon; deux ou trois salles reçurent des embellissements, introduits jusque là avec réserve dans les manoirs féodaux. Le dépôt des archives, une résidence plus fréquente, l'octroi de plusieurs franchises, enfin la création d'un hôtel des monnaies témoignèrent bientôt des liens d'affection qui attachaient les Poitiers à la ville de Crest. Tous se montrèrent jaloux de la doter et de travailler au développement de ses intérêts physiques et moraux. (1).

En 1371, Amyar cède à la communauté de Crest les anciens fossés qui s'ouvaient au delà du bourg du Marché, exigeant qu'ils seraient vendus pour faire face aux dépenses qu'occasionnait l'entretien des remparts. Reconstruire les murailles d'enceinte affaiblies ou dégradées, fut toujours la préoccupation constante des seigneurs et des communautés; car la guerre, au moyen-âge, était passée comme à l'état normal. Les Poitiers ne l'ignoraient pas, eux qui avaient guerroyé toute leur vie; aussi veillaient-

(1) *Histoire du Dauphiné*, t. II, p. 376.

ils avec sollicitude aux fortifications de Crest. Pour faciliter cette œuvre onéreuse et satisfaire, en même temps, à des idées d'un ordre plus élevé, le comte de Valentinois donna, en 1380, le ban de vin aux consuls ; il durait depuis l'octave de Pâques jusqu'à ce que son bannier eut vendu vingt muids de vin, un tiers de plus que le prix ordinaire. En échange de cette aliénation faite au profit de la communauté, il réclama une somme de quatre cents francs d'or et une rente annuelle de cinquante-quatre florins qu'il destinait à la fondation d'une messe quotidienne célébrée perpétuellement dans l'église de Saint-Sauveur et de quatre anniversaires dans celle des frères-mineurs ; prévoyant ensuite le cas où la communauté voudrait se libérer de cette pension, il l'autorise à acquérir des revenus annuels, jusqu'à concurrence de cinquante-quatre florins. Les produits du ban-de-vin s'élevaient très-haut ; il fut donc convenu que l'excédant de la somme annuelle léguée pour œuvre pies, serait employé à la réparation des murs de clôture. (1).

Deux années venaient à peine de s'écouler lorsqu'Aymar usant de son pouvoir et de son indépendance, créa un hôtel des monnaies et le plaça sous la direction de Pierre Chabert, son trésorier général ; on y battait des pièces d'or et d'argent marquées aux armes des Poitiers ; un côté portait une croix fleuronnée ; l'autre était chargé de six

(1) Archives de la chambre des Comptes.

besans d'or avec la légende ordinaire. Cet établissement ne survécut point à la réunion des deux comtés de Diois et de Valentinois au domaine de la couronne. Le choix qu'avait fait Aymar de la ville de Crest pour y exercer une prérogative, aujourd'hui dévolue aux souverains, ajoutait beaucoup à son importance et lui communiquait cette animation qui distingue les centres industriels. La présence du comte, celle de sa cour et de ses hommes d'armes, ajoutaient un mouvement d'activité de luxe et de magnificence dont recueillait les fruits une population, déjà flattée dans son patriotisme et son orgueil.

L'obscurité, qui enveloppe les premiers âges de Crest, couvre aussi l'époque reculée où cette ville s'érigea en commune, adoptant, dans son administration intérieure, les formes républicaines des colonies et des cités fondées par les Romains. Ce fut à travers les variations et les exigences de l'arbitraire qu'il parvint à s'affranchir et à se créer un code de lois, qui le mettait à l'abri des vexations et des empiétements de l'autorité. Deux magistrats appelés *consuls* veillaient aux intérêts de la communauté et la représentaient dans ses rapports avec le seigneur du lieu. Ils étaient assistés de conseillers tirés des diverses corporations et convoqués dans une maison désignée d'abord sous le nom de *Maison de la Confrérie*, et, plus tard, de maison consulaire ou Hôtel-de-Ville. L'ensemble des usages et droits de la communauté porte l'empreinte des temps qui les vit naître ; ils sont comme un miroir où se reflète la société avec ses mœurs et sa constitution féodale. Une collection des chartes octroyées par les Poitiers et les évêques de Valence, offrirait donc un vif intérêt et serait d'une grande valeur historique; mais comment la recomposer avec des lambeaux échappés au vandalisme ou à l'incurie des magistrats? Déposé en des mains fidèles, ce trésor fut, durant plusieurs siècles, la sauvegarde de la petite cité ; chaque officier, à son entrée en fonctions, jurait d'observer les libertés de Crest, et souvent la plus légère atteinte provoquait une *émotion* avec laquelle il fallait compter. A peine le Diois et le Valentinois eurent-ils été réunis au Dauphiné, que les consuls, appelés désormais à assister aux États de la province, firent approuver le corps des franchises et priviléges de la ville, par le Parlement.

Quarante-cinq articles résumaient les droits du seigneur et ceux de la communauté ; ils furent sanctionnés par Charles VII le 2 février de l'an 1436; par Louis XI en 1450; par Charles VIII, alors à Tournon, en 1483, et par Henri II en 1550. Tous confirmèrent les chartes et statuts qui servaient de règle à l'administration intérieure et municipale de Crest. Ce zèle et cet empressement à les faire couvrir de l'autorité royale, comme d'une puissante égide, sont un indice frappant du progrès des idées libérales et accusent hautement les sentiments de répulsion qu'éprouvaient les consuls et la population tout entière, à l'encontre de l'arbitraire et de la tyrannie.

Alors que la juridiction appartenait à plusieurs co-seigneurs, la justice était rendue par des magistrats qui, en vertu des droits de pariage, siégeaient alternativement. Plus tard, le Dauphiné fut divisé en huit baillages; celui de Crest comprenait dans son ressort le Diois et le Valentinois. Louis XI, encore Dauphin, remplaça ce baillage ordinairement appelé *cour majeure,* par une sénéchaussée dont la juridiction était très-étendue. Deux juges établis, l'un à Crest, l'autre à Montélimar, jugeaient en premier appel de toutes les causes importantes et veillaient à la conservation des droits de la couronne, en recevant, à chaque mutation de fief, la foi et hommage des feudataires et des vassaux. Le vice-sénéchal de Crest était entouré d'un nombreux personnel que nécessitait la prompte administration de la justice : cependant de graves abus ne tardèrent pas à se produire ; Jean Rabot, vice-sénéchal ou juge-mage, entreprit de les extirper et fit de nouveaux statuts approuvés par le Parlement le 20 octobre de l'an 1469; presque tous avaient pour but la réglementation des émoluments attachés aux divers offices dépendants de la cour majeure. Les revenus du greffe, des criées et des encans s'élevaient à une somme considérable ; car, en 1484, ils furent affermés à raison de 803 florins (1).

(1) Archives de la chambre des comptes.—*Dictionnaire du Dauphiné,* par Guy-Allard.

Comme on le voit, le tribunal chômait rarement ; l'esprit de chicane n'est pas né d'hier. Il y a longtemps que la cupidité et l'aveuglement poussent les hommes dans les voies de l'injustice, et que de généreux efforts ont été tentés pour mettre une barrière à un fléau toujours combattu et toujours renaissant.

Il serait difficile de donner un aperçu complet de l'état commercial de Crest, au moyen-âge ; car les chroniqueurs avaient peu de penchant à la statistique. En l'absence de tout document relatif à l'industrie, aux corporations des ouvriers et aux diverses professions exercées dans cette ville, on ne peut que se livrer à des conjectures. La tannerie, la fabrication de draps grossiers et de petites étoffes de laine, occupaient la majeure partie des habitants; l'autre demandait ses moyens d'existence au travail des champs. Des marchés hebdomadaires favorisaient l'écoulement des produits de l'agriculture et offraient aux artisans les denrées de première nécessité. Ils se tenaient sur le carrefour du quartier appelé le *Bourg du Marché;* au milieu s'élevait un ormeau, cet arbre populaire qu'on trouve planté dans tous les bourgs, dès le douzième ou le treizième siècle ; à son ombre, s'ébaudissaient nos aïeux, quand venait la fête du patron ; à son ombre, ils traitaient de ventes et d'échanges ; là aussi, manants et tenanciers devisaient ensemble des nouvelles du jour et des intérêts de la commune, louant, blâmant les faits et gestes du seigneur, ni plus ni moins que ne le font leurs petits-fils, aidés dans cette tâche par des journaux et des écrits, qui pensent et discutent pour eux. Sur la place du marché, débouchait la rue des *Corroyeurs* qui allait se terminer à la Drôme ; une fontaine indiquée sous le vocable de Saint-André, coulait au sein de ce quartier populeux et témoignait de la sollicitude des magistrats.

De nombreuses modifications, apportées à la configuration topographique de Crest, nous empêchent de saisir et de reconnaître la physionomie qu'il présentait alors. Avec la rue des *Corroyeurs*, il en existait beaucoup d'autres se dirigeant au centre ou vers les portes de la ville ; on peut signaler la rue *Mercadale*, la rue de *Gap*, la rue Beate, la Grand'Rue, la rue Pérollerie et la rue *Decorre*. Un pont assurait les communications entre les deux rives de la Drôme ; primitivement construit en bois, il reposait sur de larges massifs de maçonnerie régulièrement espacés ; mais la violence des eaux lui fit substituer un nouveau pont, dont les conditions de force et de solidité devaient éloigner tout sinistre et mettre un terme à de trop fréquentes réparations.

En deçà du torrent qui traversait la route d'Aoste et non loin de la rue des *Corroyeurs*, s'élevait la *maladrerie* de Saint-Vincent. L'appellation de cet établissement désigne clairement quelle était sa destination. Les lépreux et les pestiférés trouvaient là un asile que la religion avait fondé pour secourir et abriter des êtres souffreteux, mis au ban de la société par des préjugés, aujourd'hui tombés. Il possédait des terres, des censes et des revenus qui servaient à l'entretien des lépreux et à celui des hospitaliers voués au service de frères proscrits et délaissés. Le monde avait mis une barrière entre lui et les victimes du mal venu d'Orient; il les repoussait de son sein, et quand la piété leur créait un refuge, ce refuge était comme un tombeau; aussi, avant d'y pénétrer, il fallait se couvrir de vêtements lugubres, entendre la prière des trépassés, le chant des derniers adieux; souvent plein de jeunesse et de vie, le pauvre reclus se voyait l'objet de ces cérémonies émouvantes qui accompagnent les funérailles du chrétien (1).

Les infirmes et les vieillards étaient reçus dans la *maison de l'aumône,* située sur la rue *Mercadale.* Un testament, daté de 1313, prouve qu'il existait, dès cette époque, un hôpital largement organisé et doté de biens fonds. Pons Lombard, habitant de Crest, consacre sa fortune à des œuvres pies, dont l'énumération n'est pas sans intérêt; il donne à l'œuvre (2) de l'église deux florins, à l'œuvre du pont sur la Drôme, deux florins, au suaire (3) de l'église de Saint-Sauveur douze deniers et à l'*hôpital de l'aumône*, un lit garni. Les legs ne constituaient pas toujours une grande valeur;

---

(1) Archives de la préfecture. — Id. de la Chambre des comptes.
(2) Fabrique.
(3) Confrérie du suaire.

mais ils étaient souvent répétés et chaque famille avait à cœur de contribuer à la prospérité d'un établissement, dont les avantages étaient plus vivement sentis que de nos jours.

Les revenus du fisc consistaient en redevances levées sur le four banal situé au quartier de Rochefort, sur les moulins et gauchoirs, sur les blés, fromages et légumes apportés au marché. Le droit sur les blés était connu sous le nom de *Leyde*; longtemps il fut dévolu aux seigneurs d'Autichamp; mais en 1414, ils renoncèrent à la *Leyde* des marchés de Crest en échange de 1,600 florins, que leur paya Aymar de Poitiers. Les produits du péage appartenaient au seigneur de Crest, ainsi que la langue des bœufs et les *nombles* de pourceaux, tués dans le mandement; un fermier général percevait toutes ces redevances et les versait aux mains du trésorier des comtes de Valentinois. A ces produits déjà si nombreux, il faut ajouter les bans champêtres ou amendes imposées pour dégâts commis dans la campagne. Douze *banniers*, nommés par le peuple réuni en assemblée, avaient la garde du territoire et veillaient à la conservation des récoltes et des fruits (2).

Toute cette organisation intérieure, si prévoyante, si bien réglée eut été incomplète sans l'élément religieux, qui seul pouvait la seconder et lui donner de la force et de la consistance. Les

---

(2) Archives de la Chambre des comptes. — Id. de la préfecture.

évêques de Die et les comtes de Valentinois, mettant en première ligne les intérêts moraux, avaient multiplié dans Crest les établissements propres à les défendre et à les développer. L'église la plus ancienne portait le vocable de Sainte-Marie; venait ensuite celle de Saint-Sauveur, convertie en collégiale par Amédée de Roussillon, vers l'an 1277. Le chapitre n'exista pas longtemps sur les bases tracées par l'illustre prélat; il subit diverses transformations nées des circonstances, mais qui révélaient son affaiblissement et son déclin, lorsqu'en 1467, Louis de Poitiers, évêque de Valence, érigea un nouveau chapitre composé de neuf chanoines, de dix prêtres et de dix clercs ou novices. On voit quel éclat devait répandre sur les cérémonies du culte la présence d'un clergé nombreux et richement doté; les terriers de la collégiale de Saint-Sauveur témoignent de l'importance des biens, des rentes et des pensions attachés à cette église. Les prieurés de Divajeu et de Lambres, d'Espenel et de Saint-Moyrenc, du Pègue, de Comps et de Célas dépendaient du chapitre de Crest; il en était le décimateur et pourvoyait au service divin en abandonnant la portion congrue aux curés de ces églises (1).

On ne connaît ni la fondation de la paroisse *extrà muros*, ni l'époque à laquelle elle fut supprimée: il est probable qu'elle disparut lors de

---

(1) Columbi, p. 191. — Aimar du Rivail, traduit par Macé, p. 187. — Archives de la préfecture.

l'érection de l'église de Saint-Sauveur en collégiale. Outre le monastère des Frères Mineurs, bâti en face, sur la rive gauche de la Drôme, Crest possédait les églises de Saint-André, de Saint-Jacques et de Crescelone. Trois prieurés considérables s'élevaient, soit dans l'enceinte, soit hors des murs; celui de Brisans appartenait aux Antonins; celui de Saint-Médard aux chanoines de Saint-Ruf et celui de Saint-Jean aux chevaliers de l'hôpital de Saint-Jean-de-Jérusalem; ce dernier avait été construit dans la campagne, entre la ville et le couvent actuel des Capucins. La chapelle de Saint-Barthélemy, celle de la *maladrerie* de Saint-Vincent et de petits oratoires épars dans le mandement attestaient encore la piété et la ferveur religieuse des habitants de Crest. En ces siècles de foi, le manant, le tenancier et l'artisan aimaient à trouver sous leurs pas des édifices sacrés, des croix, des prieurés. Chaque hameau, chaque quartier de la ville avait son église et son oratoire; là, un peuple besogneux apprenait la résignation et se nourrissait d'espérances, qui lui faisaient supporter doucement ses misères, ses fatigues et sa vie de rudes labeurs.

Quoique portant en elle-même des principes de vie et de bien-être, la constitution intérieure de Crest n'aurait point suffi pour garantir aux habitants la paix et la sécurité; il fallait une barrière aux attaques venues du dehors, aux envahissements d'un ennemi voisin. La ville était donc entourée d'une ceinture de murailles flanquées de tours et percées de portes que défendaient la herse et un pont levis. Ces murailles de trois mètres d'épaisseur étaient couronnées de créneaux et allaient se relier à la citadelle ou au château. Des fossés profonds longeaient au couchant et l'est les remparts, que baignaient les eaux de la Drôme, au midi. Le pont jeté sur la rivière était lui-même protégé par une tour élevée sur son point le plus culminant. Toutes les ressources de l'art militaire avaient été employées pour fortifier Crest, dont la position commandait la route du Diois, les fiefs des évêques de Valence et les terres des Poitiers. Les Arnaud et, après eux, Amédée de Roussillon s'attachèrent à faire de Crest une place imprenable par des travaux admirablement assis sur un sol accidenté et déjà favorable aux opérations d'une défense. Le siége soutenu contre l'armée de Simon de Montfort témoigne aux yeux de la postérité des conditions de force et de puissance que présentait autrefois le château de Crest, ce boulevard formidable, au sein duquel de vaillants chevaliers pouvaient braver les efforts de troupes nombreuses et aguerries.

Dès le douzième siècle, l'art de construire les forteresses avait atteint son plus haut degré de perfectionnement. Le choix de l'emplacement et des matériaux, la disposition des parties principales indiquent un immense progrès sur l'architecture des temps antérieurs. Les châteaux se composaient de deux enceintes; la première occupait une étendue plus ou moins grande, selon l'importance de la place; elle était formée de murailles coupées de tours rondes ou carrées servant à loger les officiers et les gens de service; contre ces murs s'adossaient des bâtiments destinés aux soldats et aux provisions. Cette première enceinte constituait le château proprement dit, la porte d'entrée était bardée de fer et défendue par des herses qui montaient ou descendaient le long d'une rainure pratiquée dans la pierre. L'enceinte extérieure contenait un large espace découvert appelé *grande cour,* à une extrémité de laquelle s'élevait ordinairement une chapelle. Aux heures de péril, la défense se concentrait sur une partie de l'enceinte intérieure, désignée sous le nom de citadelle ou de donjon. Le donjon était une tour carrée très-élevée et servant de résidence au gouverneur, en temps de guerre, et au seigneur, en temps de paix : ses murs avait trois ou quatre mètres d'épaisseur et offraient un revêtement de pierres de taille plus larges que hautes, toujours régulières et de diverses dimensions. Le rez-de-chaussée, voûté à plein cintre, renfermait les munitions ou se convertissait en prison. Aux étages supérieurs habitaient le gouverneur, le châtelain et sa famille; quelques pièces cependant étaient réservées aux soldats du guet, se relevant, tour à tour, sur le haut du donjon. Les fenêtres étaient ouvertes à une élévation qui en rendait l'escalade impossible ; aussi le rez-de-chaussée et le premier étage ne recevaient-ils la lumière du jour que par des meurtrières très-évasées à l'intérieur, mais étroites au dehors et ne présentant qu'une largeur de dix à douze centimètres; au troisième et au quatrième étage seulement étaient des fenêtres spacieuses, quelquefois géminées ; leur dimension se prêtait à l'emploi des machines de guerre, telles que les balistes et les catapultes. La partie supérieure était pourvue d'une galerie de machicoulis en maçonnerie d'où les soldats laissaient tomber des pierres ou autres corps pesants sur ceux qui tentaient l'escalade. Un toit ou une plate-forme terminait le donjon ; quant à l'escalier qui devait mettre tous les étages en communication, il était percé dans l'épaisseur du mur; souvent aussi, l'architecte le plaçait dans une tourelle inhérente au donjon ; alors il affectait la forme du colimaçon, forme qu'on trouve spécialement appliquée aux châteaux du quatorzième et du quinzième siècle. Un puits creusé au centre fournissait d'eau les soldats de la garnison et les mettait à l'abri des tortures d'une soif dévorante qu'ils redoutaient plus que les flèches ou les arquebuses de l'ennemi.

Ce tableau des châteaux-forts du moyen-âge jettera un peu de lumière sur celui de Crest et nous le montrera dans son ensemble, alors qu'il était debout, s'élevant majestueusement sur la cité qu'il protégeait. A ce titre, il offre de l'intérêt et peut servir de complément aux parties qui subsistent encore aujourd'hui. La description que fait un châtelain, de la tour de Crest, vers l'an 1394, confirme tous les détails précédents et doit être considérée comme l'image fidèle de ces vieux donjons, autrefois la gloire et l'ornement de nos contrées. Voici le texte même de ce document puisé dans les archives de la Chambre des Comptes.

« Sur une montagne fort haute, on aperçoit le
« château de Crest, avec une enceinte de murailles
« fortifiées assez avantageusement, où la dame
« comtesse faisait sa résidence. A l'entrée du châ-
« teau, il y a doubles *échanchements* avec plu-
« sieurs petits édifices servant de greniers. Au
« sommet il y a une grande tour carrée de grosses
« pierres de taille, de la hauteur de soixante
« toises, de seize de largeur du côté de la ville et
« de dix toises de l'autre. Cette tour est composée
« de plusieurs étages; au premier, deux chambres
« voûtées et deux caves au-dessous; au second,
« un moulin à vent; au troisième, de fort belles
« chambres voûtées en pierres de taille avec un
« poêle; le quatrième est sur la voûte avec de
« petites ouvertures pour l'écoulement des eaux
« pluviales. A la cime de la tour, on se promène
« sur des galeries de pierre fort belles et spa-
« cieuses, faites pour la défense de la tour. Dans
« la tour, il y a un puits taillé dans le roc et tou-
« jours rempli d'eau claire; au-dessous de la tour,
« est une fontaine d'eau vive (1). »

(1) Archives de la Chambre des comptes.

Ce précieux rapport sur l'état du château de Crest, à la fin du quatorzième siècle, résout les difficultés que faisait naître le style mixte et disparate qu'on remarquait dans son ensemble. Il y a deux parties très-distinctes dans le donjon; à celle qui est au nord se rattache le document que je viens de citer; elle compose le donjon primitif. La partie qui regarde la ville n'existait pas en 1394; son genre architectural, ses croisées et ses voûtes à ogive accusent une époque postérieure; elle n'est pas strictement inhérente à la partie orientale; car une fissure de douze centimètres l'en sépare de haut en bas. Louis XI, en 1474, ordonna que de grands travaux seraient exécutés au profit de la tour de Crest; au règne de ce prince, il faudrait donc faire remonter les réparations et les additions importantes que subit l'antique donjon des Poitiers (1).

Maintenant que j'ai exposé l'organisation intérieure de Crest, telle que l'avait faite le moyen-âge, reprenons la chaîne des évènements un instant interrompue. Après avoir fait halte pour considérer les divers éléments d'une société qui n'est plus, l'antiquaire se sent pris d'un sentiment qu'il ne peut analyser. Il y a, dans le spectacle d'un système politique aux abois, des impressions de tristesse et d'effroi mêlées à des impressions plus douces, celles de l'espérance et du bonheur. La

---

(1) Archives de la Chambre des comptes.

féodalité s'en va ; elle se meurt, sous les coups de Louis XI ; un nouvel horizon se découvre, laissant apercevoir, au loin, une société nouvelle, compacte et pleine d'avenir. Le peuple aspire à l'élargissement de ses droits; l'autorité se consolide, s'entoure des forces disséminées çà-et-là et attire à elle tout ce qui peut vivre et concourir au rajeunissement d'un corps usé et tombant en dissolution.

Les annales de Crest, bien que stériles et pauvres de faits éclatants, jusqu'à l'époque des troubles religieux, nous révèlent un épisode où se trahissent la tendance des esprits, l'affaiblissement du régime féodal et l'influence du pouvoir royal.

Louis de Poitiers, deuxième du nom, privé d'enfants mâles et légitimes, avait naguère cédé, au dauphin de France, les comtés de Valentinois et de Diois. Son cousin, Louis de Poitiers, seigneur de Saint-Vallier, ne pouvait voir, sans dépit et sans haine, un héritage si brillant passer en des mains étrangères ; secondé par Jean de Poitiers, évêque de Valence, il investit clandestinement le château de Grane, où résidait alors le dernier comte de Valentinois et obtint de lui, le 13 août 1416, une transaction dont les clauses le rendaient maître de Crest et des principales terres des deux comtés. Cependant le donateur s'était réservé de faire approuver par la noblesse de ses États une cession arrachée par ruse et par violence. Il convoque donc les habitants de Crest, les chevaliers et les seigneurs des environs, dans l'église de Saint-Sauveur. Son abdication forcée n'était point un mystère; elle avait eu un grand retentissement et causé de l'émoi parmi ses vassaux. C'est en vain qu'il signifie sa volonté; les esprits étaient agités; le plus grand nombre penchait pour la validité du premier transport, fait en faveur de Charles VII. Avec le seigneur de Saint-Vallier, on entrevoyait un avenir gros de difficultés; avec l'annexion à la couronne de France, les habitants de Crest rêvaient de paix et de gloire et se promettaient un appui fort qui éloignerait d'eux toute guerre et toute dissension. L'assemblée ne voulut point reconnaître Louis de Poitiers pour seigneur et par son refus manifestait clairement ses dispositions hostiles à une famille qui se posait comme le champion du régime féodal. Guidé par sa rancune pour son cousin, autant que par l'intérêt de ses vassaux, Louis II anéantit le traité de Grane et dans son testament écrit à Bays, le 22 juin de l'an 1419, institua de nouveau pour son héritier, Charles, dauphin de Viennois, fils du roi Charles VI.

Le quatrième jour du mois de juillet de la même année, mourait le dernier comte de Valentinois. Son corps fut porté dans l'église des Frères Mineurs de Crest, où il reçut la sépulture avec les honneurs dus à son rang. Deux ans après son décès, une enquête fut ouverte à Romans sur les faits et gestes du défunt. On disait de lui qu'il *estait moult convoiteur et levait plusieurs tailles sur ses subjets qui le doubtaient moult, pour ce qu'il estait moult rigoureux et malgracieux.* Cette étrange oraison funèbre sortait peut-être de la bouche d'un vassal maintes fois rançonné par le haut et puissant seigneur. Quoi qu'il en soit, elle était l'expression du mécontentement public et justifiait les vœux émis précédemment pour le transport des comtés au Dauphiné (1).

Par la mort de Louis de Poitiers, Crest fut incorporé au domaine de la couronne. Le seigneur de Saint-Vallier protesta et fit planter son étendard sur les châteaux de son cousin; mais ses tentatives échouèrent devant les décrets du Parlement qui le déboutèrent de ses prétentions. Les places dont il s'était emparé furent vidées et occupées au nom du dauphin. Ce fut le 24 juillet de l'an 1426 que Charles prit possession de Crest. La bannière des Poitiers cessa de flotter sur le donjon; habitants, consuls et magistrats reconnurent le dauphin pour leur seigneur et maître, et ceux qui avaient des fiefs relevant de la mouvance des anciens comtes de Valentinois, prêtèrent foi et hommage entre les mains du gouverneur (2).

Pendant son long séjour en Dauphiné, Louis XI visita les bourgs et les châteaux des deux comtés. Sa présence fut marquée par des améliorations dans le sort du peuple; il s'attacha la nouvelle

---

(1) Archives de la Chambre des comptes. — *Histoire des comtes de Valentinois*, par Duchêne, 64, 68, — preuves, 71.
(2) Archives de la Chambre des comptes.

conquête en octroyant les foires et les priviléges réclamés par les diverses communautés qu'il parcourait. Les habitants de Crest avaient applaudi au transport des États de Poitiers ; mais comme le prince montrait des tendances au despotisme, concentrait le pouvoir et détruisait les prérogatives de la noblesse, ils craignirent pour leurs libertés municipales et le supplièrent de les confirmer. Voulant acquérir une popularité au détriment des seigneurs, dont il combattait l'influence locale, Louis XI se montrait libéral et accordait gracieusement ce qu'on lui demandait. Les chartes n'ôtaient pas un florin à son coffre-fort ; aussi, les prodiguait-il. Celle de Crest est datée du 18 février 1450, et ratifie les franchises des habitants. En 1461, il leur donne Robert de Grammont pour capitaine et gouverneur du donjon ; plus tard, il fait réparer les fortifications, agrandit la tour et par d'immenses travaux, rend à la citadelle de Crest cette splendeur et cette force qui, de nos jours encore, excitent l'étonnement et l'admiration. Aymar du Rivail trouva, sous le règne de François Ier, la tour de Crest si imposante, si majestueuse par sa masse et ses dimensions, que, dans son *Histoire des Allobroges et du Dauphiné*, il avoue n'avoir rien vu qui puisse l'emporter sur le château de Crest (1).

A l'ombre d'un pouvoir fort et tutélaire, Crest voyait chaque jour l'aisance et le travail donner à

(1) Archives de la Chambre des comptes. — Aymar du Rivail, traduit par Macé, 187.

sa population et à ses intérêts commerciaux un développement inouï. Cependant, en 1489, cette prospérité croissante fit surgir un évènement qui faillit troubler la paix intérieure et amener un conflit entre la ville et l'évêque de Valence. L'ancien carrefour où se tenait le marché, de temps immémorial, était devenu insuffisant; beaucoup de ventes s'opéraient aux bords de l'église de Saint-Sauveur, sur le cimetière même qui l'environnait. Le chapitre protesta contre cette profanation; mais les consuls, oubliant ce qu'on doit de respect à la cendre des morts, ne se hâtaient point de mettre un terme au désordre; ils hésitaient et laissaient se traîner en longueur un débat qui aurait dû ne jamais se produire. L'évêque de Valence menaça les consuls des censures ecclésiastiques; enfin se rendant à la voix de la religion et de la raison, ils achetèrent une maison dont l'emplacement fut destiné à l'inhumation. L'ancien cimetière, converti en place, put alors, sans opposition, être livré à l'affluence des acheteurs et des vendeurs.

Le silence des chroniqueurs jette, en cette période de l'histoire de Crest, de nombreuses lacunes qu'il est impossible de combler. Les archives publiques n'enregistrent que des *reconnaissances*. Il y a de la vie et de l'animation; mais le mouvement est intérieur. Tantôt le peuple est en émoi, parce qu'il s'agit d'élire les consuls. Cette fonction communiquait un prestige et une autorité dont ne sont plus revêtus les premiers magistrats de nos communes. Les consuls de Crest avaient droit de porter le chaperon et d'assister aux États de la province ; de là un vif éclat répandu sur les élus ; de là les intrigues et les coteries. Tantôt c'est le passages des troupes allant guerroyer en Italie, sous le règne de Charles VIII, de Louis XII et de François Ier. L'arrivée d'un prince mettait la population en grande liesse ; les réceptions, les harangues, les fêtes, les ébattements publics apportaient une suspension aux travaux et chacun devisait sur le programme de la solennité, ou le mérite des candidats aux emplois de l'Hôtel-de-Ville. Ainsi, des élections, des rôles de tailles, des prestations d'hommages, des détails sur les dépenses occasionnées par la nourriture des troupes, voilà ce qui remplit les registres consulaires, les lièves et les terriers, seuls documents composant les archives locales.

Les destinées de Crest s'accomplissaient dans l'ombre et le silence ; l'unique reflet attaché à son nom lui arrivait de la sénéchaussée, de la collégiale et des nombreuses institutions dont il était le siége. Mais cette paix allait être troublée par de violentes commotions ; déjà ce bruit sourd qui précède l'orage frappait de terreur les esprits attentifs. Bientôt circula dans le peuple le bruit de l'apparition d'un culte nouveau, apporté des rives du Léman par des émissaires de Calvin. Ses adeptes, gagnés par la curiosité, l'intérêt ou les passions, se réunissaient clandestinement pour écouter le récit des réformes à introduire dans l'Église. Froissé dans son orgueil, un moine allemand avait dit : « Rome se trompe, Rome enseigne l'erreur ; moi « seul connais la vérité, moi seul ai reçu la mission « de replacer le christianisme dans ses premières « voies. » Puis, se mettant à l'œuvre, il osa attaquer corps à cops, un à un, les enseignements et les dogmes de l'église catholique. Le purgatoire, le sacrifice de la messe, les mortifications corporelles, les vœux monastiques, la confession ne lui allaient pas, il les retrancha. Joignant ensuite l'exemple au précepte, il jeta son froc au vent et se donna pour épouse une jeune religieuse d'une éclatante beauté. Ses disciples allèrent plus loin ; ils trouvèrent son symbole trop long et le réduisirent à sa plus simple expression : *lisez, examinez les paroles du Christ et faites-vous une croyance.* Ils ne gardèrent qu'une ombre de culte et cette ombre allait s'évanouissant, sous le souffle de nouveaux venus qui s'attribuant eux aussi la mission d'éclairer le monde, démolissaient les rares débris échappés à la faiblesse ou à la coupable réserve de leurs devanciers. La religion ainsi réformée dans ses dogmes, ses sacrements et ses pratiques, il fallait la prêcher et la répandre ; les églises, les croix, les moines, les couvents, les monuments de la foi des aïeux, il fallait les détruire, comme des superfétations. Cette tâche n'était pas facile ; de là le secret qui environna d'abord les commencements de la réforme en France. Ce qui transpira des doctrines et des projets des novateurs, jeta partout la stupeur et l'effroi. L'autorité attaquée elle-même dans son essence et sa base, poussa le cri d'alarme et crut arrêter le torrent dévastateur par quelques mesures de répression. Mais la politique s'empara de la situation, exploitant à son profit les sentiments de haine et de colère qui désunissaient les cœurs. Alors on vit les réformés prendre les armes, soutenus et excités par des chefs dont ils allaient servir les passions et les intérêts. Le drapeau de la révolte publiquement arboré en Dauphiné, dès l'an 1560, donna le signal d'une guerre civile, qui rappelait les invasions des barbares, se ruant sur la Gaule chrétienne et faisait rétrograder la société au siècle des Huns, des Francs et des Lombards. L'incendie des églises et des monastères, la pendaison des moines, le sac de nos bourgs et villages, la dévastation des campagnes, le sang coulant à flots, en tout lieu, la misère, la ruine et la mort, voilà ce qu'apportaient les doctrines de Luther et de Calvin.

Crest ne pouvait rester étranger au mouvement des partis ni au prosélytisme des novateurs; quelques habitants séduits et trompés désertèrent le culte des aïeux et passèrent sous la bannière des réformés; il en résulta une scission qui faillit attirer les plus grands malheurs. Le calme et la sécurité avait fui loin d'une ville, jusque-là si paisible; un même sentiment de patriotisme et d'union n'animait pas tous ceux qui s'asseyaient au même foyer ; le huguenot se faisait intolérant à l'égard des siens ; il appelait de ses vœux le triomphe de ses coreligionnaires, c'est-à-dire l'oppression de son pays et le pillage des citoyens demeurés fidèles à leurs croyances.

Toute la part qui revient à Crest, dans les troubles du seizième siècle, n'a point été enregistrée ; mais, si on la mesure sur les ruines de ses églises, sur les pertes de son industrie, elle revêt des proportions effrayantes. Le donjon fut ardemment convoité ; car sa possession entraînait ordinairement celle de la ville ; de là les tentatives multipliées qu'il eut à essuyer ; la force et l'épaisseur de ses murs, le courage et le dévouement de la garnison conjurèrent le péril et lui épargnèrent ces variations et ces revers de fortune, si communs dans une guerre, où le vaincu de la veille était le vainqueur du lendemain. En comparant l'ensemble des évènements, dont Crest fut le théâtre pendant cette triste période de notre histoire, on verra qu'il prit rang parmi les places catholiques ; sa position et son importance, au point de vue stratégique, en firent un centre d'action, un point d'appui très-favorable pour soutenir les armées royales.

Crest vit arriver à lui les huguenots, dans les premières années de cette lutte sanglante, qui armait le frère contre le frère et changeait le sol de la patrie en une vaste arène où venaient mourir le gentilhomme et l'artisan. Conduit par un lieutenant du baron des Adrets, alors fougueux champions du protestantisme, un corps nombreux s'approcha de Crest en 1562, brûla la maison des Frères-Mineurs, massacra les moines qui n'avaient pu fuir et renversa de fond en comble cet asile de la prière et de l'étude, ce dernier souvenir des Poitiers, ses fondateurs. Debout sur les remparts et spectateurs d'une scène où débutait si bien la réforme, les habitants apprirent quel avenir leur était réservé, si l'ennemi triomphant leur imposait son joug et sa domination (1). La ville étroitement bloquée opposa une vive résistance; hommes, femmes, enfants, vieillards se firent soldats et par leur attitude, et par leur énergique défense, montrèrent aux assiégeants qu'ils n'avaient plus des religieux à combattre, ni un couvent à emporter. Cependant l'heure des épreuves allait sonner bientôt pour une population surprise et non préparée; car Crest succomba. Les annales de la province ne contiennent aucun détail sur cet évènement. Le donjon subit-il le sort de la ville? Quel chef conduisait les troupes victorieuses? Etait-ce le fanatique Montbrun? Un voile épais a été jeté sur ce fait d'armes, portant la date de 1566 (2). Les documents qui aideraient à le soulever nous font défaut ou n'ont peut-être jamais existé dans les conditions propres à satisfaire notre curiosité. D'ailleurs, les chefs de parti n'avaient

(1) Archives de la préfecture.
(2) *Histoire du Dauphiné*, tome II, page 615.

pas auprès d'eux un historien gagé, chargé de transmettre à la postérité leurs gloires ou leurs infortunes militaires. L'idée du bulletin ne leur était point venue ; au retour de la paix seulement, on s'occupa à recueillir ce qu'il y avait eu de plus saillant ; de là, les lacunes qui marquent ce travail ; de là cette concision dans le narré des siéges et des combats.

Crest ne tarda point à rentrer sous l'obéissance du roi, soit à la suite d'un coup de main tenté par les catholiques, soit en vertu d'un traité de paix naguère consenti et proclamé en Dauphiné. Mais l'année suivante, lassé d'une trêve qui n'allait ni à ses intérêts, ni à son humeur belliqueuse, Montbrun, au mois de septembre, soulève ses partisans et commence une campagne, durant laquelle Valence, Crest et Montélimar sont pris ou contraints de se rendre. Des succès si brillants amenèrent des revers non moins éclatants ; en ces temps d'anarchie et de passions haineuses, la victoire était éphémère et la couronne du triomphateur se fanait, au souffle d'un soudain orage, sans qu'il eût pu en ceindre son front glorieux. C'était au pas de course que les calvinistes traversaient la ville de Crest ; poursuivis par leurs adversaires, ils se voyaient enlever par la violence ce qu'ils avaient conquis par la violence. La fréquence des prises et des reprises de Crest, donne à ses annales un caractère de confusion et d'obscurité, qui ne permet point d'assigner à chaque fait la date qui lui est propre (1).

(1) *Abrégé de l'Histoire du Dauphiné,* par Chorier, livre VIII, p. 134.

Dans les premiers jours du mois de septembre, de l'an 1568, les protestants surprennent de nouveau la ville de Crest; mais le donjon résiste. La trahison seule pouvait en ouvrir les portes; car cinquante soldats catholiques auraient suffi pour le garder et tenir en échec un corps considérable ; aussi ne le voit-on point au pouvoir des huguenots malgré de vigoureux efforts dirigés contre lui. De Gordes, lieutenant du roi en Dauphiné, ayant appris le malheur de cette place, s'avance à marches forcées; déjà il était sous les murs, se disposant à former le siége, lorsque, dans la nuit du 25 de ce même mois, les compagnies qui l'occupaient, sortirent furtivement de la ville, convaincues de leur impuissance à la conserver. Heureux d'un dénouement obtenu par la crainte qu'inspirait sa valeur, De Gordes pourvut à la défense de Crest et en confia la garde au capitaine d'Arces. L'évènement qui suivit réalisa les hautes espérances qu'on avait conçues de l'habileté et de la bravoure du nouveau gouverneur. Les huguenots avaient maintes fois éprouvé son savoir-faire en rase campagne ou sur la brèche ; les enseignements du passé leur disant d'éviter un engagement avec lui, ils glissent, comme des ombres, devant la ville qu'ils savent en bonnes mains, et vont diriger leurs attaques contre le château; c'était en 1569. Les échelles sont appliquées contre les murailles, pendant la nuit du 25 juillet ; les assaillants trompés ou n'ayant pu calculer la hauteur du donjon, s'aperçoivent qu'elles sont trop courtes et ne sauraient atteindre aucune ouverture propre à favoriser l'escalade; ils hésitent, ils se récrient devant un obstacle imprévu. Leur déconvenue donne lieu à un bruit, qui va frapper les oreilles de la sentinelle postée sur la plate-forme. Un cri d'alarme est poussé et les huguenots se retirent, tout honteux de leur insuccès. Beaufort ayant été enlevé par eux, d'Arces accourt, suivi d'une partie de la garnison de Crest et reprend cette place, après cinq jours d'efforts et de combats. Ses soldats irrités de la dernière tentative, se laissent aller aux plus grands excès et passent au fil de l'épée tous les huguenots qu'ils trouvent dans le château (1).

D'après les clauses de la trêve signée, en 1572, par les représentants des deux partis, toute hostilité devait cesser. Cependant quelques chefs de guérillas protestantes, ne se croyant point liés, se répandaient à travers les campagnes, guerroyant et butinant: comme ces coureurs approchaient de Crest, le capitaine Gobert fait une sortie à la tête de sa compagnie; il les charge, croyant qu'il suffirait d'une simple évolution militaire pour les dissiper. Ceux-ci le reçoivent en hommes qui savent tout à la fois se battre et piller, soutiennent son attaque et le repoussent vers la ville, après lui avoir tué plusieurs des siens (2).

Devenu l'âme et la gloire du parti calviniste,

(1) *Histoire du Dauphiné*, tome II, page 626. — Id. page 630.
(2) Id., tome II, page 656.

depuis l'effacement complet du baron des Adrets, Montbrun tournait souvent ses regards vers Crest dont il méditait la conquête. Mais sachant que toute force se brisait contre ses remparts et qu'une garnison nombreuse veillait au salut de la ville, il eut recours à des expédients condamnés par l'honneur et la loyauté. Des âmes vénales se firent l'instrument de ses intrigues et de ses séductions ; mais ces intelligences entretenues à grands frais, l'activité du gouverneur les déjoua; renouvelées, et toujours vainement, elles eurent pour résultat de tenir en éveil le patriotisme des soldats de la garnison (1).

Les années s'écoulaient sans apporter le moindre adoucissement aux souffrances des populations. Loin de se ralentir, la guerre devenait plus vive et plus meurtrière; maints acteurs disparaissaient de la scène ; maints vaillants capitaines succombaient, et l'ambition et l'amour du pays natal leur donnaient des successeurs qui, à leur tour, se battaient et mouraient pour la cause qu'ils avaient embrassée. Le célèbre Montbrun fait prisonnier dans une bataille, livrée à Mirabel, venait de traverser la ville de Crest, non plus en triomphateur, mais en vaincu. Etendu sur une litière, car il était blessé, il put entendre les clameurs que soulevait son étrange équipée. La foule se pressait pour contempler ce héros trahi par la fortune ; nulle

---

(1) *Abrégé de l'Histoire du Dauphiné*, tome VIII, page 152.

marque de compassion ne fut donnée à celui qui avait versé tant de sang et ravagé tant de bourgs. Aux jours de sa puissance et de sa gloire, il avait semé la haine, et la haine venait à lui, alors qu'il était mourant, brisé de honte et de douleur. Le chef des huguenots du Bas-Dauphiné allait à Grenoble, où il fut décapité, le 12 août de l'an 1575 (1).

L'exécution de Montbrun devint le signal d'une nouvelle prise d'armes. Ses coreligionnaires choisissent le duc de Lesdiguières pour le venger et ouvrent une campagne mélangée de succès et de revers. Loriol, Livron et Eurre sont en leur pouvoir; ils se disposent à cerner Crest et à s'emparer des places voisines. De Gordes, informé de leur projet, s'avance rapidement et compte ses journées par autant de victoires; Loriol reçoit une garnison de soldats catholiques et le château d'Eurre est emporté. Vainement Lesdiguières avait tenté de le secourir, il fut forcé de battre en retraite; mais la prise de Crest s'offrait à lui, comme un dédommagement de son échec. Il environne le donjon avec ses troupes et fait présenter l'escalade, dans la nuit du 13 octobre de l'an 1577. La sentinelle voit le danger et crie : l'ennemi! l'ennemi! Alors les hommes, chargés de défendre la tour, se portent aux machicoulis, aux créneaux et à toutes les ouvertures qui donnaient sur le point menacé. Les

---

(1) *Histoire du Dauphiné*, par Chorier, tome II, page 670.

assaillants sont repoussés et tombent dans les fossés avec leurs échelles brisées par les projectiles lancés d'en haut. A la vue de leurs compagnons blessés ou mourants, ceux qui devaient les soutenir, se retirent confus et découragés. Lesdiguières perdit les meilleurs de ses soldats dans cette téméraire entreprise et, par sa défaite, ajouta un nouveau reflet de gloire à ce vieux monument, déjà immortalisé par tant de siéges et de combats (1).

Durant les agitations de cette lutte qui semblait ne devoir jamais finir, les habitants de Crest, peu soucieux de la domination des huguenots, se montrèrent toujours à la hauteur des circonstances, mesurant leur courage aux exigences du péril. Une partie des murailles de la ville s'étant écroulée, pendant la nuit, en 1580, ils déployèrent une si grande activité à la relever qu'en peu de jours, l'ouverture était fermée, comme par enchantement. Afin de perpétuer cet acte d'héroïsme, une inscription fut encastrée dans le mur réédifié. On la voit encore de nos jours, et c'est avec une noble fierté que les petits-fils contemplent un témoignage si éclatant du zèle et du dévouement de leurs aïeux pour la défense de la patrie.

En face d'un avenir gros encore de tempêtes, la confiance et la sécurité n'étaient possibles qu'avec l'union, le courage et l'esprit de sacrifice porté à

---

(1) *Histoire du Dauphiné*, par Chorier, tome II, page 682.

ses dernières limites. Ces heureuses dispositions régnaient à Crest et, par leur salutaire influence, conjuraient bien des malheurs. Souvent les huguenots tentèrent de rompre cette harmonie des cœurs et des volontés ; mais leurs efforts demeurèrent sans résultat. La ville et le donjon continuèrent à être occupés par les troupes royales, dont la mission était aussi de tenir en respect les garnisons calvinistes des places environnantes ; car en dehors de Crest, l'anarchie levait la tête, fomentait des troubles et réveillait les plus mauvais instincts. Un troisième parti se dessinait fortement dans l'arène, portant haut ses prétentions. La crainte de voir un roi huguenot, assis sur le trône de Saint-Louis, se traduisit à Paris par une opposition si violente, qu'il fallait toute la bravoure de Henri de Navarre pour la combattre et la subjuguer. La ligue formée dans le but d'éloigner ce prince de la couronne de France, eut bientôt ses armées et ses chefs. Les provinces, les villes et les bourgs arborèrent son drapeau et suivirent le mouvement de la capitale, sous l'influence et l'instigation du duc de Mayenne, son principal moteur.

Alphonse d'Ornano, lieutenant du roi en Dauphiné et le duc de Lesdiguières se réunissent le treizième jour du mois de septembre de l'an 1589, dans le château de la Grange, près de la Baume-d'Hostun, et signent un traité par lequel ils s'engagent mutuellement à faire la guerre aux ennemis du roi de Navarre et à le soutenir envers et contre tous. Animés d'un sentiment commun, il se mettent en campagne et réduisent une à une, les places qui tenaient pour la ligue. Crest ne s'était point encore prononcé ; son hésitation leur parut d'un favorable augure et leur inspira la pensée de s'occuper activement de sa soumission. Lorsqu'ils furent arrivés à Chabeuil, ils envoyèrent le capitaine Mas-Vercoyran à Crest, dans le but de sonder les dispositions du gouverneur et d'obtenir de lui qu'il les laissât pénétrer dans la ville. Clermont de Montoison, accueillit leur demande, flatté de s'aboucher avec deux généraux, dont il appréciait le mérite et la loyauté. Un accord eut lieu ; Clermont imposa ses conditions : la première était que lui, gouverneur, conserverait l'administration de la ville, tandis que le seigneur du Puy-Saint-Martin commanderait dans le donjon ; la seconde, qu'il n'y aurait pas au château d'autre garnison que celle qui s'y trouvait, qu'enfin, une des portes de Crest serait livrée aux troupes d'Alphonse d'Ornano. Ce réglement consenti et signé, ils sortent de Crest et se dirigent avec leur armée vers les bourgs fortifiés du voisinage. A peine un jour s'était-il écoulé, qu'Adhémar de Brunier, seigneur de Marsanne, se jette dans la tour avec quelques soldats et brise ainsi les clauses du traité. Ce gentilhomme penchait pour la ligue ; mais sa félonie lui attira un châtiment aussi prompt qu'humiliant, car Lesdiguières et d'Ornano, ayant appris cette infraction, reviennent sur leurs pas, assiégent le donjon et contraignent le trop zélé ligueur à capituler. Cet épisode est le dernier fait qui se rattache aux convulsions sociales du seizième siècle (1).

Henri III ayant été assassiné, la couronne de France revenait à Henri de Navarre, premier prince du sang. Pour arriver aux marches du trône, il lui fallut passer sur le corps des ligueurs, qu'il vainquit en plusieurs grandes batailles. Son triomphe ne fut complet que lorsqu'il eut abjuré le protestantisme; alors les partis désarmèrent; le peuple respira et se prit à bénir un roi dont la sagesse et le courage lui apportaient l'ordre, la paix et le bonheur.

Ce calme inespéré, après tant de tempêtes et d'agitations, permit aux communautés de faire un retour sur leurs intérêts si longtemps compromis. Absorbés par les préoccupations du moment, les habitants de Crest n'avaient pu sonder la profondeur de l'abîme creusé par les troubles de la réforme. Les souffrances du lendemain leur avaient fait oublier jusque-là les anxiétés de la veille; mais lorsque furent venues la sécurité et la confiance en l'avenir, ils comptèrent une à une, toutes leurs pertes; il leur fut donné de les voir et de les envisager sans illusion. La ville était obérée de dettes; le deuil et la misère avaient pris place au foyer; tout était ruines autour d'eux; leurs églises

---

(1) *Vie de Lesdiguières*, par Videl, page 94.

brûlées redisaient la fureur et la haine des huguenots un instant vainqueurs à Crest ; les biens de l'hôpital étaient passés à des mains cupides et il ne restait pas même des titres pour les recouvrer. En face de tant de maux à réparer, de tant d'institutions disparues, ils comprirent leur impuissance à tout relever. L'église collégiale de Saint-Sauveur dut exciter le zèle et l'attention des consuls ; renversée, profanée et pillée par les hérétiques, elle n'offrait que décombres calcinés aux regards de ceux qui avaient été les témoins de son ancienne splendeur. Elle fut réédifiée en 1594 ; une inscription commémorative de cette restauration atteste l'empressement et la ferveur des catholiques, toujours attachés à la foi de leurs pères, malgré les menaces et les vexations des apostats. Une seconde inscription, datée de 1601, relate encore la rage des huguenots à l'encontre des édifices religieux. Elle fut sans doute l'expression solennelle de la joie que donnait à tous la réparation complète de la collégiale de Saint-Sauveur, désormais rendue aux exercices d'un culte qui avait réjoui leur jeunesse et devait consoler leurs derniers jours.

Les actives recherches, les persévérants efforts auxquels se livra la municipalité pour récupérer les biens de la *maison de l'aumône* aboutirent à un résultat satisfaisant ; grâce aux titres de rentes et fondations qu'elle put saisir, les pauvres et les nécessiteux virent s'ouvrir cet asile, que les agitations et les troubles des années précédentes avaient tenu fermé. De tous les prieurés, aucun n'avait survécu aux discordes civiles; le fanatisme s'était rué sur eux, et quand il se retira pour aller s'abattre ailleurs, il ne restait plus que ruines et décombres. Impuissants à les reconstruire, les titulaires en firent l'abandon, mais ils conservèrent la jouissance des dîmes et de la directe attachées à ces établissements.

Pendant que les haines se calmaient à l'intérieur, et qu'un travail de rénovation s'opérait lentement à Crest, le cri de guerre retentit de nouveau en Dauphiné. Henri IV vidait une vieille querelle, les armes à la main; ses troupes avaient envahi la Savoie et assiégeaient la place de Montmeillan. Comme leur présence était nécessaire sur un autre point, le gouverneur du Dauphiné fit un appel aux milices et se déchargea sur leur valeur et leur dévouement du soin de continuer ce siége et de le mener à bonne fin. Crest et Romans rivalisant de zèle, envoyèrent chacun cent hommes et un capitaine pour les diriger. Leur départ provoqua les manifestations d'un enthousiasme guerrier, auquel ne demeurèrent point indifférentes, ni les mères ni les épouses; ce n'est pas qu'elles eussent l'âme trempée comme celle des femmes spartiates; mais on allait combattre l'étranger et non des frères et des concitoyens; puis, le prince qui conviait ses sujets au champ d'honneur, c'était le bon Henri, le bienfaiteur et le père de la patrie (1).

(1) *Histoire du Dauphiné*, tome II. page 767.

Cependant la ville avait de lourdes charges à porter. L'entretien de la garnison, la nourriture des troupes de passage, l'amortissement d'anciennes dettes, la réparation des murailles, des tours et des portes, tout cela demandait des ressources qu'elle n'avait pas. Un seul moyen s'offrait aux consuls pour faire face aux exigences de la situation sans onérer beaucoup les habitants; il consistait à faire revivre le péage des Poitiers au profit de la caisse municipale. Un faible impôt, levé sur les denrées transportées à Crest, pouvait devenir une source féconde d'aisance et de prospérité; ils le soumirent donc à l'approbation du roi. Henri IV qui avait la mémoire du cœur, se rendit à leurs désirs, heureux de prouver son affection à une ville dont il connaissait la fidélité et les généreux sentiments. Des lettres-patentes, données en 1607, confirmèrent la création d'un octroi à Crest, assignant toutefois à son produit une destination spéciale qui ne pouvait être changée; il devait être appliqué aux réparations des remparts, tours, portes et fossés de la ville. Cette concession n'était que temporaire, il fallait en obtenir le renouvellement à l'expiration du temps fixé par l'ordonnance (1).

L'avenir allait justifier la sage prévoyance du roi. Il avait dompté les partis; mais les passions, un instant assoupies, se réveillaient avec des symp-

---

(1) Archives de la Chambre des comptes.

tômes menaçants. Lui-même succomba, trois ans après, sous le couteau de Ravaillac et Louis XIII, son successeur, eut à combattre l'anarchie qui, de nouveau, levait la tête en Languedoc et dans le Dauphiné. Les huguenots, mécontents des priviléges que leur accordait l'édit de Nantes, se soulevaient en masse, arboraient le drapeau de la rébellion en Vivarais et faisaient présager de nouvelles calamités. Crest ne fut jamais le foyer d'aucun mouvement insurrectionnel ; mais environné de populations calvinistes, le soin de sa propre défense lui imposait de veiller à la conservation de ses murailles. Les registres consulaires de cette époque témoignent hautement des mesures de sûreté que prit le conseil municipal, pour conjurer toute surprise et tout péril.

Il fit mieux encore ; guidé par une profonde intelligence des besoins des habitants, et convaincu que la force matérielle est impuissante à calmer les passions et à les combattre efficacement, il leur opposa pour barrière les aspirations sublimes de la vertu se faisant pauvre et humble, et les nobles instincts d'un cœur chrétien s'immolant sous la bure et le froc.

Les religieux capucins jouissaient dans la province d'un renom de popularité, justement acquis par leur zèle, leurs prédications et leur détachement. Sortis des rangs du peuple, ils y rentraient pour l'instruire, le consoler et adoucir ses souffrances morales par le spectacle de leur propre abnégation. En échange du bien qu'ils répandaient autour d'eux, les enfants de saint François ne demandaient qu'une cellule et un jardin; quant à leur subsistance, la charité de tous y pourvoyait. C'est vers eux que se tourna l'attention des consuls; un vaste bâtiment s'éleva aux frais de la ville; des dons privés vinrent à son aide et achevèrent une œuvre dont l'initiative était due à la municipalité. La fondation du couvent des capucins remonte à l'an 1609; celle des Ursulines, à 1618. Dix ans après, emportée par ce mouvement de régénération, qui se manifestait autour d'elle, avec tant d'éclat, Mlle Bachasson consacra son patrimoine à l'érection d'un monastère de Sainte-Marie. Des documents authentiques assurent à cette maison la gloire d'avoir été visitée par sainte Jeanne de Chantal. Le cercle étroit d'une monographie ne permet pas d'entrer en de plus amples détails sur ces nouvelles créations qui, par leur sève et leur vigueur, étaient appelées à continuer les bienfaits d'institutions disparues ou condamnées à végéter. Les Cordeliers survécurent à leur propre ruine; mais abandonnant les débris de leur antique couvent, débris avec lesquels on édifia plus tard un oratoire, sous le vocable de saint François, comme pour perpétuer le souvenir de leur résidence première, ils se transportèrent dans l'intérieur de la ville et mirent à profit ce qui restait d'un ancien prieuré renversé par les huguenots. Quelques travaux appliqués aux bâtiments constituèrent, avec une église élégante et s'harmonisant au style du clocher, seul demeuré intact, le second établissement des Cordeliers. L'énumération des corps monastiques existant à Crest dès les premières années qui suivirent l'apaisement des guerres de la réforme, témoigne de la sollicitude des consuls, pour les intérêts de la population et de leur ardent désir de faire renaître cette union des cœurs et ce sentiment religieux qu'avaient affaiblis les doctrines de Calvin (1).

Alors que la communauté de Crest marchait dans la voie des améliorations et du progrès, tout était désordre et anarchie sur la rive droite du Rhône. Chomérac, Bays, Privas, le Pouzin et d'autres bourgs environnants s'étaient révoltés à la voix de Brison et du duc de Rohan. L'incendie menaçait de gagner le Dauphiné ; déjà quelques tisons avaient été jetés en deçà du fleuve ; encore un mois, deux mois, et une explosion générale allait éclater. Les huguenots du Diois levaient la tête, fanatisés par l'intrigue et séduits par de fausses promesses. L'exemple de leurs coreligionnaires du Vivarais les conviait à la lutte et réveillait en eux cet instinct d'agitation qui, né de leurs doctrines religieuses, les portait à secouer toute dépendance et tout joug. Louis XIII arrêta la levée de boucliers par la démolition des principaux forts du Diois et du Valentinois échappés au décret du

(1) Archives de la commune. — Id. de la préfecture. — Columbi, in-4°, page 222.

duc de Mayenne. Crest, Aoste, Mirabel et Livron virent disparaître sous la mine et le pic, ces tours, ces châteaux, dont la présence semblait être un appel à la guerre. Les murailles de l'enceinte extérieure du château de Crest furent seules comprises dans l'ordonnance rendue en 1627; il en reste encore de puissants vestiges gisant çà-et-là, solitaires et oubliés (1). L'anarchie, aux temps féodaux, les avait fait élever et ce fut pour la combattre encore, qu'on les renversa. Dans ces deux actes diamétralement opposés et cependant inspirés par un même besoin de défense, il y a une manifestation bien évidente de la transformation qui s'était opérée dans les mœurs. On ne toucha point au donjon; de hautes considérations de politique et d'intérêt parlèrent en sa faveur; seul, demeurant d'un autre âge, il devait redire aux générations futures les gloires, les combats et les souvenirs du passé.

Cette mesure intimida les huguenots du Dauphiné, prêts à se soulever; ils ajournèrent l'exécution de leur projet et attendirent avec anxiété le résultat de la campagne ouverte en Vivarais. L'apparition du fléau, qui, tant de fois au moyen-âge, avait désolé nos contrées, détourna un instant l'attention des menées clandestines auxquelles se livrait un parti vaincu et non soumis. L'autorité pouvait conjurer le péril et les horreurs de la guerre civile; mais elle était sans force contre un

(1) Archives de la préfecture.

ennemi d'autant plus redoutable, que son action mystérieuse échappait aux recors de la justice et à tous les dragons de France et de Navarre. La peste avait éclaté sur plusieurs points du Bas-Dauphiné; bientôt elle étendit ses ravages dans les environs de Valence; Saillans, Aoste, Crest et Allex payaient leur tribut au cruel fléau. Les archives de ces communes témoignent du zèle que déploya la municipalité, en ces jours d'effroi et de consternation ; isoler les malades, interdire tout rapport avec les étrangers, *former un conseil de santé,* tout cela était inspiré par la prudence et pratiqué avec un dévouement héroïque. Cependant la peste enlevait de nombreuses victimes; les populations fuyaient; la terreur était partout. En 1631, le mal disparut laissant le deuil et la misère en chaque foyer.

Depuis longtemps la féodalité se mourait, sous les étreintes d'un pouvoir qui tendait à absorber toutes les forces vives de la société. Richelieu achevait l'œuvre de Louis XI et donnait à la couronne une suprématie que cherchaient vainement à amoindrir les efforts des seigneurs de la cour. L'ancien régime frappé au cœur par les progrès et les conquêtes de la civilisation, n'était plus qu'une ombre, un souvenir et une forme surannés. Quelques actes semblaient encore prolonger son existence et le river au sol; mais, en réalité, ils n'affaiblissaient point le mouvement des idées. De ce nombre fut l'érection du Valentinois en duché, au profit du prince de Monaco. Le roi, par ses lettres-patentes de 1642, n'aliénait pas entièrement le Valentinois, car il se réservait la justice et la juridiction supérieure. Crest inféodé à la maison Grimaldi ne cessa point d'appartenir au domaine royal; il fut visité par le nouveau duc que haranguèrent les consuls en chaperon. A côté de ces hommages et de ces titres honorifiques, se trouvaient cependant des droits réels, comme la jouissance des revenus du fisc (1).

La condition des habitants de Crest allait s'améliorant chaque jour; peu à peu s'éteignait le souvenir des discordes civiles et les intérêts matériels prenaient un rapide développement, sous l'influence des sentiments de paix et de concorde qui animaient les catholiques et les réformés. Les manufactures de drap avaient atteint leur apogée de grandeur et de prospérité; les tanneries étaient florissantes, les marchés fréquentés et les transactions nombreuses. Cet heureux essor imprimé au travail, au commerce et à l'industrie, subit un temps d'arrêt en 1685 et dans les années suivantes. Les huguenots du Languedoc ne désarmaient point; ils entretenaient avec ceux du Dauphiné des relations qui, à Bourdeaux et dans les environs de Crest, se traduisirent en assemblées tumultueuses, en menaces et en injures. Tout faisait présager de nouvelles agitations, lorsque Louis XIV révoqua l'édit de Nantes et enleva aux calvinistes l'exercice

(1) *Dictionnaire du Dauphiné*, par Guy-Allard.

public de leur religion. Cette mesure abattit les plus fougueux ; puis, revenus de leur stupeur, ils levèrent le drapeau de la révolte, et, les armes à la main, renouvelèrent en plusieurs contrées les scènes de violence et de pillage qui avaient marqué les premiers soulèvements des huguenots. Ces insurrections partielles donnèrent lieu aux *dragonnades* ; l'intendant du Dauphiné envoya de forts détachements de cavalerie pour comprimer les rebelles et protéger l'exécution de l'édit. Crest, situé au point central du mouvement, devint le quartier-général des troupes destinées à pacifier le Diois. Les troubles étaient excités par deux disciples du fameux Duserre, Gabriel Astier de Cliousclat, dont les efforts tendaient surtout à organiser la sédition dans le Vivarais, et une jeune fille de Saou appelée Isabeau Vincent, mais plus connue sous le nom de *bergère de Crest*. Ses extravagances et ses jongleries lui valurent une célébrité constatée dans les écrits contemporains. Élevée au métier de prophétesse, elle parlait de tout, hormis de la vérité ; la curiosité lui assurait un nombreux auditoire qu'elle fascinait par des extases simulées et par la citation de textes de l'Écriture, mêlés à de grossières railleries contre l'Église catholique. Les assistants ébahis criaient au miracle et, de retour en leurs foyers, communiquaient la ferveur et l'enthousiasme, que leur avaient inspirés la bergère de Crest. Tantôt elle soufflait la haine dans les cœurs ; tantôt, nouvelle sibylle agitée sur son trépied, elle annonçait la délivrance prochaine des vrais enfants de Dieu. Des hommes haut placés se firent les admirateurs passionnés de cette fille des champs et assistèrent à plusieurs séances, écoutant silencieusement des pauvretés; mais ces pauvretés étaient débitées avec tant d'art, qu'ils se laissaient prendre aux paroles de la prophétesse, comme les soldats d'Ulysse aux charmes de la voix de Circé. M. Bouchu, intendant de la province, étant venu à Crest pour calmer l'agitation fiévreuse qui travaillait les huguenots du Diois, se fit amener la jeune bergère et la questionna. Aux demandes qu'il lui adressa, elle répondit qu'à la vérité elle avait entendu dire qu'elle prophétisait en dormant, mais qu'elle ne pouvait l'affirmer, personne n'ayant la conscience de ce qu'il fait durant son sommeil. Cependant le laboureur chez lequel elle demeurait, se hâta de prendre la fuite, craignant d'être soupçonné de favoriser une supercherie qu'il exploitait à son profit. L'intendant, éclairé par les aveux d'Isabeau Vincent, la fit conduire à Grenoble et renfermer dans un hôpital. Livrée à elle-même et loin de ce théâtre, où elle avait si bien joué le rôle d'inspirée, elle reconnut ses erreurs et les racheta par la sincérité de son repentir (1).

La contagion du fanatisme gagna de toutes parts et produisit l'apparition des *petits prophètes* an-

(2) *Dictionnaire des Hérésies*, art. *Camisards*. — *Mémoire sur la bergère de Crest*, par Fléchier, évêque de Nimes.

noncés par la bergère de Crest. Ils étaient si nombreux, qu'en 1689, plusieurs villages de Diois comptaient autant de prophètes qu'il y avait d'habitants réformés. L'esprit prophétique ne lésinait pas et se donnait à quiconque le voulait, sans acception de sexe, d'âge et de condition ; il révélait sa présence par une léthargie, un assoupissement ; le *prophète* tombait comme frappé du mal caduc et se roulait à terre jusqu'à ce qu'on l'eut relevé ; alors, il prêchait, chantait des psaumes et prophétisait en un langage familier aux habitants de la contrée (1).

L'ère de gloire et de liberté promise à de trop crédules auditeurs, n'arrivait point ; de l'enthousiasme il passèrent au désenchantement ; puis, la misère et le bon sens aidant, ils comprirent que le travail et la soumission leur procureraient ce qu'ils n'avaient pu trouver dans une vie agitée, vagabonde et à la merci de quelques aventuriers. D'ailleurs, les évènements qui s'accomplissaient au-delà du Rhône démentaient les paroles des *prophètes*. Les calvinistes du Vivarais étaient poursuivis et vaincus. Leurs défaites dessillèrent les yeux de ceux du Dauphiné et la secte des *prédicants* tomba sous le mépris et le ridicule qui s'attachent à tout acte d'hypocrisie. La mort de Louis XIV réveilla les espérances des huguenots ; mais leurs tentatives n'offraient plus le même danger pour le repos

---

(1) *Guerres civiles du Vivarais*, page 382.

public; un escadron de cavalerie suffisait à contenir les factieux ; il y avait encore de la haine et de l'irritation dans les esprits ; mais du moins le sang avait cessé de couler. Les assemblées de Bourdeaux, de Livron et de Loriol, tenues en 1718 et 1721, ne servirent qu'à signaler les convulsions d'un mourant (1).

Depuis la révocation de l'édit de Nantes jusqu'au règne de Louis XV, Crest avait présenté le spectacle d'une ville de guerre ; on ne voyait dans ses rues que mouvements et passages de troupes, que milices, dragons et cavaliers. Cette animation disparut avec les circonstances qui l'avaient fait naître. La communauté, allégée d'une partie de ses charges et libre de toute préoccupation extérieure, reporta sur les affaires municipales cette activité, ce dévouement et cette intelligence qui, au moment des crises, ne l'avaient jamais abandonnée. De toutes les institutions du passé, une seule languissait encore et n'avait pas été mise au niveau des besoins du jour. L'ancien hôpital ne répondait plus à sa destination ; l'état de ses bâtiments et de ses revenus appelait la sollicitude des consuls ; ils obtinrent au mois de janvier de l'an 1716, des lettres-patentes portant érection d'un nouvel hôpital largement doté et régi par un conseil administratif composé des notables de la ville. Cet établissement, élevé sur la rue qui porte son

(1) Mémoire de M. de Fontanieu (Bibliothèque impériale).

nom, occupait alors les bâtiments naguère encore livrés au collége et les maisons voisines ; plus tard, un décret de la Convention nationale le transféra dans le monastère de Sainte-Marie. L'asile de la prière est devenu l'asile de la douleur ; mais la religion, aujourd'hui comme autrefois, consacre et vivifie cette demeure ; elle veille au chevet du malade, le console et l'entoure de ces mille soins qu'elle seule sait inspirer (1).

A peine l'hôpital était-il reconstitué, qu'une sinistre rumeur jeta l'effroi dans tous les quartiers. La peste sévissait à Marseille ; elle étendait ses ravages ; elle s'était abattue sur le Valentinois ; elle était aux portes de Crest ; voilà les nouvelles qui circulaient, de bouche en bouche, grossies et dénaturées par la frayeur. Les officiers de l'hôtel-de-ville prirent toutes les mesures de sûreté que commandaient les circonstances. Par leurs soins, les portes furent gardées nuit et jour et ne s'ouvrirent à aucun étranger. D'après la tradition, une maison *extrà-muros* rappellerait des souvenirs qui se rattachent à cette époque d'alarmes et d'anxiétés ; les habitants étaient soupçonnés d'avoir communiqué avec des pestiférés ; on les bloqua étroitement ; un cordon sanitaire ne permettait pas de leur faire parvenir les vivres et les secours dont ils avaient besoin. La mort ayant mis un terme à ce ban de proscription, leurs corps, loin d'être portés

(1) Archives de la ville de Crest.

en terre sainte, furent inhumés sur le lieu même, qui avait été le témoin de leur douloureuse agonie. Le fléau rôdant autour de la ville comme un malfaiteur, respecta-t-il la consigne des gardiens de la ville? le silence des archives nous autorise à répondre affirmativement; car elles relatent uniquement l'existence d'un conseil de santé, la formation de divers corps-de-garde et le recours aux plus minutieuses précautions. La peste se retira donc, sans avoir pénétré dans l'enceinte de Crest.

De loin en loin, quelques incidents se produisent, mais sans altérer le calme et la paix des habitants. Cependant une querelle de préséance faillit troubler la bonne harmonie, qui jusque-là avait régné, entre les divers corps de la magistrature. Le vice-sénéchal présidait les assemblées municipales et, à ce titre, voulait que les consuls fussent le chercher en chaperon, c'est-à-dire avec les marques de leur dignité; ceux-ci lui contestaient ce droit; de là un long procès devant le parlement de Grenoble. La Cour rendit un arrêt favorable aux consuls (1).

La centralisation grandissait au détriment des provinces et des cités; les priviléges locaux s'en allaient, un à un, emportés par le courant des idées. Ce mouvement alarmait le patriotisme et l'amour du pays natal; dans la résistance des consuls de Crest, on peut voir une dernière pro-

(1) Archives de la ville de Crest.

testation du passé. Dépositaires et gardiens des prérogatives inhérentes à leurs charges, ils désiraient les remettre intactes à leurs successeurs. Cette lutte qu'ils soutinrent pour le maintien des droits de la commune, les hommes à cœur tiède, les hommes de lucre et de négoce ne l'envisageront peut-être qu'avec dédain. Mais il en est encore qui ont gardé le culte des souvenirs; à ceux-ci l'enthousiasme de la liberté n'est pas lettre close. Dans ce débat soulevé par la susceptibilité plébéienne, ils ne voient pas seulement une question d'étiquette. Les franchises municipales étaient en jeu, tout effort pour les défendre réveille leurs sympathies et provoque leur admiration.

Les années s'écoulaient apportant chacune aux habitants de Crest, leur part d'améliorations, de prospérité et de bonheur; puis, un bruit sourd, avant-coureur des catastrophes sociales, gronda sur la France et, d'écho en écho, sema l'épouvante dans la ville et la bourgade, dans la chaumière et le château. La tempête éclate; un glorieux trône est brisé. Tout ce qu'avaient vu nos pères disparaît dans le gouffre d'une révolution sans exemple chez aucun peuple. Jetons un dernier regard par de là cet abîme qui sert de frontière entre la vieille et la nouvelle société; car le temps marche; il pousse les générations en avant; bientôt le passé ne nous apparaîtra plus, que comme dans un lointain vaporeux, où l'œil ne peut saisir le caractère, la couleur et la forme des objets qu'il contemple. Le tableau des institutions, qui composaient l'organisation intérieure de Crest, doit compléter et terminer cette monographie.

Justice. — La sénéchaussée de Crest, ou grande cour de justice, érigée par Louis XI, en 1449, connaissait en première instance des causes de Crest, de Grane et de Plan-de-Baix; elle avait tous les cas royaux et l'appel de toutes les judicatures de son ressort. Son personnel se composait d'un vice-sénéchal, d'un lieutenant, de deux conseillers, d'un avocat et d'un procureur du roi, d'un greffier, d'un substitut, de deux huissiers et d'un garde de la connétablie. Neuf avocats et huit procureurs ou avoués étaient attachés à la cour de Crest, pour la défense ou la conduite des affaires. Les audiences se tenaient à des jours marqués; des statuts très-anciens réglaient les honoraires, les droits et les prérogatives du parquet.

Subdélégation. — Un second tribunal, appelé *subdélégation*, connaissait en première instance des tailles, des aides et des impôts. On le désignait ainsi, parce qu'il n'était qu'une subdélégation de l'élection de Montélimar. Son ressort comprenait un très-grand nombre de communautés.

Hôtel-de-ville. — La municipalité se composait d'un maire, de deux échevins ou consuls, de quatre conseillers, de huit notables, d'un secrétaire-greffier et d'un syndic receveur.

Bureaux pour les affaires du roi. — Il y avait quatre receveurs à Crest pour les finances, les droits de francs-fiefs, le contrôle des actes, les fermes et le tabac.

État militaire. — Le donjon, depuis un demi-siècle, avait été transformé en prison d'État ; il était gardé par une compagnie d'infanterie, sous les ordres d'un gouverneur et d'un major. Le commandant de place remplissait les fonctions de lieutenant auprès de la maréchaussée de Crest.

État ecclésiastique. — L'église paroissiale portait le vocable de Saint-Sauveur ; elle avait été érigée en collégiale par Amédée de Roussillon, en 1277, et dépendait de l'évêché de Die ; elle comptait un prévôt, un chantre, sept chanoines, un curé et deux vicaires.

Quatre communautés religieuses existaient à Crest : les Cordeliers, les Capucins, les Visitandines et les dames de Sainte-Ursule.

La Confrérie des Pénitents était très-nombreuse ; sa chapelle, fondée dans le dix-septième siècle, occupait une partie de l'emplacement de l'hôtel-de-ville actuel.

Hors des murs la piété avait élevé plusieurs oratoires qui servaient de but aux processions ou aux pélerinages des habitants. Ils portaient le vocable de Saint-Jean (1), de Saint-Barthélemy et de Saint-François (2). Les prieurés de Brisans ou de Saint-Antoine, de Saint-Médard et de Saint-Jean avaient cessé d'exister. Le plus important de tous, celui

---

(1) Près de la porte du bourg.
(2) De l'autre côté de la Drôme.

de Saint-Jean, était tombé en commandite et soumis à un prieur séculier; plus tard, ses biens furent annexés à la collégiale de Saint-Sauveur.

Hôpital. — Le conseil administratif de l'hôpital se composait de directeurs nés ou d'office et de seize directeurs électifs. Les pères capucins remplissaient les fonctions d'aumônier auprès de cet établissement.

Commerce. — Le commerce ne fut jamais plus actif à Crest, qu'aux dernières années, qui précédèrent la révolution. De nombreux produits sortaient de ses manufactures et allaient porter, au loin, le nom de ses fabricants de draps. Pour empêcher toute contravention aux réglements et aux statuts de la draperie, il y avait dans la ville un bureau où l'on déposait les draps pour qu'ils fussent marqués et inspectés plus commodément par les juges de police des manufactures du Dauphiné; à ce bureau étaient attachés plusieurs gardes-jurés, dont la mission était de visiter les drapiers des communautés voisines, d'inscrire sur un registre, jour par jour, toutes les pièces et les étoffes, qui étaient inspectées, avec le nom des marchands et des fabricants. Un quart de la population se livrait à ce genre de travail, devenu, pour tous, une source de richesse et de prospérité. Depuis quelque temps, on avait introduit à Crest une filature de coton et une fabrique de mouchoirs teints. La filature des cocons et le moulinage des soies occupaient aussi beaucoup d'ouvriers; quant à la mégisserie, elle avait perdu de son activité. L'animation, le commerce et l'industrie reposaient donc, en grande partie, sur la draperie.

Crest, à cette époque, ne possédait que deux foires ; la première se tenait le 24 juin et la seconde, le 29 du même mois. Elles avaient un renom qui attirait les marchands des provinces les plus éloignées. Les marchés avaient lieu, le mercredi et le samedi de chaque semaine ; ils étaient alimentés par les villages des environs, dont les produits obtenaient un écoulement d'autant plus facile, que la population de Crest, presque toute étrangère à l'agriculture, était obligée d'acheter ses approvisionnements.

La Révolution trouva Crest dans l'aisance, le bien-être, et constitué à l'égal d'une importante cité. Elle le dépouilla de tout ce qui avait fait sa gloire et sa prospérité. En échange de ses priviléges, de sa sénéchaussée, de son organisation civile, militaire et religieuse, elle lui envoya la *Société populaire* installée dans la chapelle des Pénitents et travaillant avec zèle à la perturbation des esprits et au dénigrement du passé ; elle lui envoya un décret, qui en faisait le siége d'un district, ou plutôt un foyer d'agitation et d'enthousiasme factice. Quand fut venu le calme, quand une main habile eut pris le gouvernail de ce grand vaisseau naufragé, qu'on appelait la France, Crest se releva, mais profondément meurtri et laissant, au milieu des écueils et des tempêtes, ses parches mins et ses titres de noblesse. Pour le consoler de ses malheurs et l'indemniser de la perte de ses vieilles prérogatives, on le rangea parmi les chefs-lieux de canton, avec justice de paix, brigade de gendarmerie, bureau de perception, succursale et autres douceurs.

L'état actuel de Crest est un puissant témoignage en faveur de la vertu qu'on attribue au temps de cicatriser les plaies sociales. Un demi-siècle s'est écoulé depuis cette époque d'aberrations et de folies, et, à force de génie, de dévouement et de sacrifices, il a pu reconquérir une position qui le met au rang des villes les plus industrielles du département. Son activité, son bien-être, il les doit au généreux effort de ses habitants et à leur aptitude pour les travaux de la paix. Livré à lui-même et à ses seules ressources, il a appelé du décret qui semblait le frapper de déchéance et le condamner à l'obscurité. La fortune lui a souri et puisant un nouveau courage dans ses premiers succès, il a lutté, et de triomphe en triomphe, est arrivé à cet éclat de prospérité, que répandent le commerce et l'industrie sur toute ville qui les cultive avec un goût éclairé.

La population de Crest s'élève aujourd'hui à cinq mille six cents âmes; sept cents habitants environ suivent le culte de Calvin (1). Ce territoire, quoique restreint, produit toutes les céréales, du vin,

---

(1) En 1687, elle se composait de quatre mille catholiques et de trois cent trente protestants.

de la soie, des garances, des huiles de noix et de colza. Partout une végétation luxuriante étonne les regards et accuse à la fois l'intelligence du cultivateur et la fécondité du sol. La richesse et l'aisance viennent principalement des nombreuses manufactures établies à l'intérieur ou aux abords de la ville. Aucune branche d'industrie n'est étrangère à Crest; on y trouve des filatures de soie et de coton, des fabriques de draperie, des tanneries, des corderies, des ateliers de boissellerie, des poteries, des tuileries et des fours-à-chaux. Souvent des distinctions flatteuses sont venues appeler l'attention du public, sur les produits des manufactures de Crest. Ses couvertures de laine et ses draps lui ont acquis surtout une célébrité qui place son nom près de celui des grands centres industriels.

Il est bien de favoriser les intérêts matériels; mais il est d'autres intérêts d'un ordre supérieur, qu'on ne saurait négliger impunément. La municipalité a compris toute l'étendue de sa tâche et la remplit avec un dévouement qui mérite la reconnaissance du pays, Par ses soins, l'instruction des enfants a reçu un développement dont l'avenir recueillera les premiers fruits. Les Frères de la doctrine chrétienne, les dames de la Nativité et celles de la Trinité rivalisent d'ardeur pour répandre, au sein de toutes les classes, les bienfaits d'une éducation solide et très-variée. Il manquait un établissement d'instruction supérieure; de nos jours a été fondé un collége qui, sous l'habile direction de M. l'abbé Amodru, va prendre une extension de plus en plus considérable; à côté des hautes études réclamées par les carrières libérales, on y enseigne le dessin, la musique, la tenue des livres, les mathématiques et toutes ces connaissances qui ornent l'esprit, charment le cœur et assurent le succès à quiconque veut tenter de conquérir une position sociale. La ville est fière, à bon droit, de cette institution; elle en apprécie les avantages; mais elle se doit à elle-même de la garantir contre les éventualités qui seraient de nature à compromettre son existence, soit en livrant un local convenable, soit en accordant une subvention annuelle comme témoignage de ses sympathies et de sa bienveillante protection (1).

Crest a vu se modifier la physionomie qu'il avait au moyen-âge, cette époque guerrière et religieuse dont la personnification se trouvait dans les églises et les châteaux-forts, dans les moines et les chevaliers. On pénétrait dans l'enceinte par cinq portes désignées sous le nom ancien de portes du *Marché*, de *Rochefort*, de *Saint-Barthélemy*, de porte du *Bourg* et de *Porte-Neuve*; elles ont disparu depuis longtemps. L'œil attentif découvre cependant encore de beaux vestiges de remparts, masqués par des constructions modernes. Il fut un âge où nos aïeux dédaignaient les armures; à voir cet empressement que l'on met à détruire nos an-

(1) Transporté dans un local spacieux, ce collége est maintenant classé parmi les établissements diocésains.

tiques murailles, ne dirait-on pas que nous redevenons Gaulois? nous laissons écrouler nos fortifications ; nous repoussons ces moyens de défense qui, au temps de l'anarchie, donnaient aux populations confiance et sécurité ; mais est-il prudent de découvrir ainsi nos cités et nos bourgs, sous le prétexte spécieux que nos mœurs et notre civilisation suffisent pour conjurer tout péril ? D'ailleurs, ces remparts, ces fortifications, ces tours, qu'on abat comme superfétation, ne sont-ils pas les témoins de l'histoire locale? entretenus et conservés, ils auraient faits à Crest un diadème resplendissant de gloire et de souvenir, sans apporter aucune entrave à ses nouveaux besoins.

Pris dans son ensemble, l'intérieur de Crest s'éloigne peu de l'aspect qu'il présentait dans les âges passés. Des rues étroites, des tourelles, des portes à plein cintre, des croisées du quinzième siècle, des maisons étalant sur leur façade l'architecture gothique ou celle de la Renaissance, voilà ce qu'aperçoit l'antiquaire, fuyant le bruit des ateliers et quêtant des impressions et des enseignements. De quelque côté qu'il dirige ses pas, le moyen-âge se découvre sous mille formes ; partout règne comme un parfum d'antiquité qui le saisit et transporte son esprit à ces temps reculés, où se mouvaient d'autres générations régies par d'autres lois et vivant d'une vie propre.

L'empreinte de la civilisation moderne éclate çà et là, et par la différence de son allure, produit un constraste frappant : ici ce sont des manufactures, de vastes bâtiments surmontés de hautes cheminées semblables à des obélisques vomissant de noirs tourbillons de fumée; là c'est un antique manoir, splendide hôtel de quelque membre de la sénéchaussée. Le vieux et le nouveau monde sont en présence l'un de l'autre avec leur caractère distinctif et avec leurs œuvres. Le premier s'en va chaque jour, protestant inutilement contre des démolitions et des envahissements, qui le déshéritent d'une cité où son règne ne fut pas sans bruit et sans éclat.

Le mouvement d'innovation a reçu depuis quelques années une impulsion devant laquelle tomberont bientôt les derniers vestiges de la vieille société.

Emmaillotées dans les lacets du pouvoir central, qui s'immisce à leurs intérêts matériels, les villes de province ont perdu toute animation locale ; elles n'ont plus qu'à se reposer de leurs agitations d'autrefois; privées de leur existence à part, elles subissent une loi commune qui a subtitué l'uniformité à la variété des priviléges et des institutions. Cette monotonie, résultat nécessaire d'une organisation générale et unique, a passé dans les mœurs, dans les constructions et l'aspect même de nos demeures. Crest devait en subir l'influence ; ses rues s'alignent et à la place de ces maisons capricieusement ornées par l'architecture du moyen-âge ou de la Renaissance, s'élèvent des maisons sans style, empruntant leur seule décoration à un badigeon parasite plus ou moins suspect. A la vue de cette tranformation, ne dirait-on pas que notre goût se modèle sur nos institutions? la ligne droite, la régularité, la symétrie, voilà aujourd'hui les conditions essentielles du beau. De là le dédain pour le logis de nos aïeux; de là l'engouement et l'admiration pour les rues tirées au cordeau. Nos demeures sans caractère aucun, nos bourgs modernes reflètent assez bien une vie calme, il est vrai, mais sans variété, sans couleur et sans poésie.

Le vandalisme, les révolutions et une coupable incurie ont anéanti de nombreux monuments se rattachant aux siècles écoulés. Parmi ceux qui ont survécu, on peut signaler, à l'attention des amateurs d'épigraphie, cinq inscriptions relatives aux franchises de Crest ou aux troubles de la réforme. La première est ainsi conçue :

Hoc est testamentum de banno vini quod dederunt suis hominibus Petrus, Diensis episcopus et ejus nepotes et Guilielmus Cresti, cum suis infantibus, in omni tempore, nisi de vigenti modiis vini pari inter omnes hoc bannum tali pacto facient. Quod si modius venditur duobus solidis, ipsi vendent suum tribus, et ità omni pretio hoc bannum facient quolibet tempore, nisi in quadragesimà et tempore messium : pro hoc dono dederunt eis homines Cresti LX solidos Valentinenses in testimonium sempiternum.

Ceci est la charte du ban de vin qu'ont accordée à leurs justiciables de Crest, Pierre, évêque de Die, ses neveux, et Guillaume de Crest, avec ses enfants, pour tout le temps à venir; ils n'useront de ce traité sur le ban que pour vingt muids de vin par chacun. Si le muids se vend deux sols, ils vendront le leur trois et cela en tout temps, excepté en carême et à l'époque des moissons. Les justiciables de Crest leur ont donné soixante sols Valentinois pour témoigner à perpétuité leur gratitude de cette faveur.

La seconde date à peu près de la même époque.

Anno ab incarnatione Domini MCLXXXVIII, mense martio, indictione septimâ, ego Ademarus de Pictavis, comes Valentinensis, dono, laudo atque concedo plenam libertatem cunctis hominibus meis de Cristâ, qui nunc sunt et futuri sunt, est nullo deinceps tempore a me vel ab alio successorum meorum violentes sive injustas exactiones pensare cogantur, fide jussores sive obsides, præter suam voluntatem, non fiant, salvis legibus et justiciis meis, bannis et expeditionibus et hospitio centum militum : et quod omni tempore vitæ meæ concessam libertatem conservem, jurisjurandi religione confirmo. Hoc autem factum est in ecclesiâ sanctæ Mariæ de Cristâ, præsente domino Roberto, Diensi episcopo; domino Eustachio Valentinensi præposito, patruo meo; Petro Pineti, Eliâ procuratore, Philippo, canonico Diensis ec-

clesiæ; Guilielmo, priore sancti Medardi; Poncio de sancto Præjecto, Gengione de Vaivá, Jarentone, monacho et multis aliis.

L'an de l'incarnation de Notre Seigneur 1188, au mois de mars, indiction septième, moi Adémar de Poitiers, comte de Valentinois, donne, accorde et concède une liberté entière à mes justiciables de Crest, présents et à venir, de telle manière que désormais, en aucun temps, par moi ni par aucun de mes successeurs, ils ne puissent être contraints de payer des impôts injustes, ni servir contre leur gré de fidéicommis ou d'otages, sauf mes lois, mes justices, mes bans, expéditions et logement de cent soldats; et pour maintenir toute ma vie cette liberté que j'accorde, je la confirme par la religion du serment. Fait dans l'église de Sainte-Marie de Crest, présent, messire Robert, évêque de Die; messire Eustache, mon oncle, doyen de l'église de Valence; Pierre Pinet, Elie, procureur, et Philippe, chanoine de l'église de Die; Guillaume, prieur de Saint-Médard; Ponce de Saint-Préjet, Gengion de Vaiva, Jarenton, religieux, et plusieurs autres.

Les pierres sur lesquelles étaient gravées ces deux chartes en caractères gothiques, se trouvaient dans l'ancienne église de Saint-Sauveur, près de la porte qui s'ouvrait sur la place.

Sur les remparts, du côté de l'hôpital, on lit cette troisième inscription ;

Repentiná nocturná ruiná prostratus et dirutus

murus calamitosis bellorum civilium temporibus, mox summâ ac penè in credibili civium diligentiâ restauratus. ANno A XPO Christo NATO. 1580. D. *Henri III, Gal. et Polon., rege.*

Ce mur ayant été renversé tout à coup pendant les temps calamiteux des guerres civiles, a été bientôt relevé par la diligence presque incroyable des habitants. L'an de Jésus-Christ né, 1580, sous Henri III, roi des Gaules et de Pologne.

La quatrième inscription est de 1594 ; elle consacre la ruine de l'église de Saint-Sauveur par les huguenots.

> Quod belli
> Civilis licentiâ
> Fœdè disjectum fuerat
> D. O. M. Coss. et civ. Crist.
> Pleno catholic. consensu et sumptib.
> Restituendum ac in pristinam
> Faciem vel etiam splendidiorem
> Reducendum curârunt.
> An. sa. CIƆ : IƆ : XCIV.

Ce qui avait été renversé et profané par la licence de la guerre civile, les consuls et les habitants de Crest le relevèrent, en l'honneur du Dieu très-grand et très-bon, et ajoutèrent une nouvelle splendeur à son premier état. L'an du salut 1594.

La cinquième n'est qu'un supplément de la précédente.

. Deo opt.
Quas fera barbaries ferro delevit et igne
Crista suis sacras sibi sumptibus extulit œdes.
Sic templo quos longa dies, quos hostis honores
Abstulit, nos fidei reddit modò cultor avitæ 1601.

Au Dieu très-bon.

Crest a relevé à ses frais les édifices sacrés qu'une sauvage barbarie avait détruits par le fer et le feu. Ainsi l'amour pour la foi des ancêtres a rendu naguère à l'église le culte et les solennités dont l'ennemi l'avait privée pendant longtemps.

L'ancienne église des Cordeliers (1), dédiée à Notre-Dame de Consolation, et les bâtiments adjacents portent l'empreinte de la dernière période du style ogival. Les métamorphoses qu'ils ont subies depuis la révolution de 89 accusent ou une grande ignorance de l'art ou un mépris assez dédaigneux pour sacrifier stupidement un édifice précieux à des exigences qu'on aurait pu satisfaire sans insulter un monument qui tire son intérêt de ses formes architecturales et de sa première destination. Avec peu de frais, l'église de Notre-Dame de Consolation pourrait être rendue au culte et servir de chapelle aux Dames de la Trinité. L'art et la religion gagneraient à ce changement qu'appellent de tous leurs vœux non-seulement les antiquaires, mais ceux encore qui se prennent de passion pour les gloires du pays natal. Sur un angle et non loin

---

(1) Second établissement.

de la gracieuse galerie adossée contre l'église des Cordeliers, on remarque diverses sculptures, au nombre desquelles se trouve un écusson des Poitiers, chargé de six besans. La présence de cet emblême féodal ne peut être expliquée que par celle d'un prieuré autrefois fondé par les comtes de Valentinois, sous le nom de Crescelone ou de Brisans.

Ces maisons d'un autre âge, ces inscriptions, ces nobles vestiges du passé présentent un vif attrait aux études de l'archéologue et par eux-mêmes suffiraient à enrichir le patrimoine historique de Crest. Mais il existe au sommet du monticule qui domine la ville, un monument gigantesque, dont la masse imposante, la forme et l'élévation commandent l'admiration au plus haut degré. Seul reste du château, détruit par les ordres de Louis XIII, le donjon de Crest ressemble à une sentinelle qu'on a oublié de relever ; il est là, comme la personnification du moyen-âge, opposant encore ses créneaux, ses meurtrières, ses machicoulis aux conquêtes pacifiques de la civilisation ; on dirait qu'il proteste, au nom des temps guerriers de la féodalité, contre ces manufactures qui animent le vallée de la Drôme et contre cette population qui demande au travail des ateliers cette aisance que les aïeux, en des jours d'orage et d'anarchie, demandaient vainement aux luttes intestines et aux périls des combats.

Malgré de nombreuses dégradations, le donjon

a conservé des dimensions colossales et effrayantes par leur étendue. Le mur du nord est élevé d'environ cinquante mètres au-dessus du sol; chaque face a vingt-cinq mètres de largeur; l'épaisseur, à la base, n'est pas moindre de six mètres. Plus d'un salon de rentier occupe moins de place que la seule embrasure de quelques-unes des croisées du donjon. Son aspect grandiose et pittoresque, ses parties irrégulières même et surtout sa couleur inspireront tout artiste qui aura le goût du beau; le ton des pierres est fortement doré, et cependant il s'*enlève* sur un ciel sans nuage, tant est grande la limpidité de l'air, dans le climat de nos contrées.

Ce majestueux donjon a été découronné, il y a trente ans, dans sa partie supérieure; son allure propre et caractéristique a été amoindrie par la disparition d'une galerie qui régnait au sommet. Un plan en relief, sculpté sur bois en 1598 et formant le tympan de la porte de l'ancienne église de Saint-Sauveur, mérite l'attention des curieux; à l'aide de ce travail grossier, mais véridique, ils pourront saisir plus facilement la physionomie du château de Crest, alors qu'il était debout avec son enceinte et ses tours crénelées.

Ce n'est pas sans un sentiment de terreur qu'on pénètre dans l'antique citadelle des Poitiers. Ces lourdes portes bardées de fer, cette obscurité mystérieuse, ces salles voûtées qu'éclaire une faible clarté, ces meurtrières, ces escaliers creusés dans l'épaisseur du mur, tout frappe l'imagination, tout réveille des souvenirs éteints. Ici, est le noir cachot où gémissaient les prisonniers de guerre ou les vassaux insoumis. La félonie, le crime et peut-être l'innocence ont habité ce lieu de douleur. Le cachot de Saint-Julien fut le théâtre d'un drame émouvant, qu'une légende a transmis jusqu'à nos jours. Un serviteur des Poitiers, ayant nom Julien, refusa de servir les passions de son maître; mal lui en prit; le plus affreux souterrain du donjon s'ouvrit pour lui et une mort violente mit seule fin à ses longues et horribles tortures. Le peuple découvrit ce mystère d'iniquité et dans sa compatissance pour une si grande infortune, protesta contre l'acte tyrannique du châtelain, en canonisant le pauvre Julien, de là le nom de Saint-Julien appliqué au cachot qui avait été le témoin muet d'un forfait exécrable.

Les étages supérieurs conservent le même cachet de grandeur et de sévérité; les voûtes sont élevées, mais les rayons du soleil n'y versent qu'à regret leur lumière. Quelques pièces, celles qu'habitaient les Poitiers, ont une cheminée en harmonie avec le donjon. Chevaliers, pages, écuyers, nobles et puissants seigneurs ont foulé ces dalles de leur pied éperonné; ces parois, aujourd'hui si tristes et si solitaires, ont vu passer les privilégiés de l'ancien monde avec leurs fêtes, leurs plaisirs, leur gloire et leurs malheurs (1). Chaque pierre, chaque ou-

---

(1) Le pape Calixte II en 1120 et Henri IV en 1593 furent logés dans le château de Crest.

verture évoque un souvenir, redit un enseignement et jette l'âme en de profondes rêveries. On se reporte à ces temps reculés ; l'histoire se déroule avec ses péripéties, ses émotions. Simon de Montfort, général des croisés, apparaît sous le donjon; les hommes d'armes du château sont aux meurtrières, aux créneaux, aux fenêtres, lançant des flèches, des blocs de pierre, des corps lourds sur les assiégeants. Plus tard, les acteurs changent et la scène reste la même; ce sont les huguenots tentant l'escalade et repoussés par des soldats combattant au nom du roi et de la religion.

Sur la plate-forme la plus élevée, toute illusion cesse pour le touriste : la vue du drapeau national le rappelle à la réalité, lorsque, debout sur le monument, il voit avec quelle parcimonie on traite l'étendard de la patrie. Là où se déployait jadis la bannière des Poitiers, on a placé un je ne sais quoi de fer-blanc peint, ressemblant toutefois plus à une girouette, qu'à un drapeau. Le drapeau de fer-blanc sur une tour qui résume l'histoire de Crest, quoi de plus ignoble que cette invention de l'avarice municipale? quoi de plus disgracieux que cette immense girouette sans plis et sans ondulations? Faites donc de la poésie devant un emblème pareil? Dites-lui donc de flotter au vent, pour éveiller les ombres errantes des chevaliers et des hommes d'armes? La machine tourne sur son manche raide et sans grâce, comme un sot empesé

Quand on a parcouru en détail toutes les parties du donjon, on sent le besoin de respirer à l'aise et d'opposer aux impressions tristes et mélancoliques, les impressions plus douces que soulève en nous le spectacle d'une nature toujours riche, forte et souriante. Bien des sites ont fait prendre le bâton de voyage aux artistes, aux peintres et aux paysagistes ; ils vont chercher loin des beautés et des jouissances que possède la terre natale, mais qu'on ne sait point faire valoir. Où trouver un tableau plus varié, plus saisissant que celui des bords de la Drôme ? Le point le plus favorable, pour embrasser d'un seul coup d'œil tout ce qu'ils offrent de pittoresque et de gracieux, c'est le haut de la tour de Crest. On a sous les yeux un des plus magnifiques panoramas, que l'imagination puisse concevoir ; aux pieds et à une immense profondeur, se développe la ville avec ses maisons, ses terrasses suspendues, ses clochers, ses toits élevés et ses usines ; la Drôme l'entoure et lui fait comme une ceinture nuancée de blanc et d'azur. Plus loin, Divajeu, Chabrillan, Eurre, Allex et Livron se détachent d'une campagne fertile, étageant en amphithéâtre leurs maisons, leurs églises et leurs vieux remparts ; enfin les rochers abruptes et calcinés du Vivarais ferment l'horizon au couchant et semblent se lier, dans leur prolongement, aux masses vaporeuses des Cévennes.

Les accidents de la position topographique de Crest méritent, eux aussi, d'être reproduits par le burin ou le pinceau. Comtemplée des coteaux de Divajeu, cette ville présente un tableau animé qu'il est plus facile d'admirer que de décrire. La silhouette du donjon domine le paysage et absorbe toute l'attention. Cette puissance déchue fascine les regards, remue le cœur et s'empare de toutes nos facultés ; elle commande le respect et fait taire nos prétentions. Devant elle s'inclinent la gloire, le patriotisme et l'industrie ; elle a le prestige des ruines et le charme des souvenirs ; et ce prestige, qu'elle exerce, vous fait oublier un instant les conquêtes, les œuvres et les illustrations de la puissance qui l'a détrônée.

Maintenant que la part du passé est faite, revenons à notre époque pour indiquer celle du présent, au point de vue des édifices et des monuments. A Crest comme ailleurs, ils portent l'empreinte des révolutions et du dédain qu'on a cherché à déverser sur les anciennes formes architecturales ; ils se ressentent aussi d'un défaut inhérent au caractère national, l'impatience de jouir. Des nombreuses églises que le moyen-âge avait fondées, il ne restait plus que la collégiale de Saint-Sauveur. venue jusqu'à nous, mais appauvrie et dépouillée des splendeur du style ogival. La voûte construite en 1594 s'étant affaissée en 1836, l'administration se prépara à faire élever une église paroissiale dont le plan et les dimensions répondraient aux exigences les plus difficiles. On lui demanda beaucoup ; elle donna beaucoup, espérant que le nouvel édifice serait la gloire et l'ornement de la cité. Le but a-t-il été atteint? il est permis d'en douter; car le monument livré au culte en 1847, ne possède pas les conditions de l'art chrétien. Son péristyle ne manque pas d'une certaine élégance; mais il appartient plutôt à l'architecture civile qu'à l'architecture religieuse; en sorte que sans la croix qui le domine, on le prendrait pour une bourse, un théâtre ou un hôtel-de-ville. Le passé nous a légué d'assez beaux modèles, pour que nous n'allions pas chercher nos inspirations dans le genre grec ou le genre romain. Les grandes difficultés qu'avait à surmonter l'architecte lorsqu'il voulut asseoir son œuvre, ne devaient point exercer d'influence sur le choix du style. Libre de tout préjugé et ne consultant que la destination de cet édifice, il aurait pu suivre de nobles traditions et doter la ville de Crest d'un monument religieux. La ligne droite va bien dans la morale, la politique et les rapports sociaux; mais en architecture elle ne doit pas régner exclusivement : la grâce du plein-cintre et du tiers-point l'emportera toujours aux yeux de quiconque s'est identifié avec l'art catholique, par une étude approfondie des chefs-d'œuvre enfantés depuis l'ère carlovingienne jusqu'à la Renaissance.

La nouvelle église de Crest a le tort de ne pas ressembler à une église, elle est d'ailleurs très-exiguë et ne suffit point aux besoins de la population; de plus, toute honteuse de sa toilette *classique,* elle qui tenait aux formes *gothiques* de ses devancières, elle cache avec soin son beffroi, pour ne pas encourir un nouveau blâme des archéologues et des amis du beau. Ce pauvre clocher (car il y en a un, qu'on le sache bien!) est condamné à l'obscurité et à l'oubli. Veuf de cloches et de gais carillons, il ne sert ni plus ni moins que s'il était en peinture au fond de la sacristie. Pour le voir, il faut franchir les cent vingt degrés de l'escalier qui aboutit à l'ancien couvent des Cordeliers; de ce lieu élevé, la vue plonge sur l'église, et, avec un peu d'attention, on aperçoit comme une forme de tour carrée levant timidement la tête que surmontent une coupole et une croix d'ocre jaune et de noir barbouillées.

La présence des Frères Mineurs par-delà la Drôme donna lieu à la formation d'un faubourg devenu assez important; car l'industrie s'en est emparé et lui a communiqué une animation que vient augmenter le mouvement des relations de Crest avec Montélimar et Loriol. De fraîches et élégantes demeures, des ateliers nombreux lui assurent un accroissement dont s'enorgueillit la métropole. Depossédé autrefois par les huguenots du couvent fondé par les Poitiers, il a reconquis, de nos jours, une maison de prières habitée, elle aussi, par des enfants de Saint-François; car les religieuses de Sainte-Claire suivent les constitutions dictées par ce glorieux patron des Cordeliers. Le faubourg ne pouvait rester isolé; de là, en des temps très-reculés, l'existence d'un pont qui reliait les deux rives : pentueux, étroit et formé d'arcades ogivales très-rapprochées, il était exposé à de graves avaries toutes les fois que la Drôme, enflée subitement par les eaux du Diois, se débordait, entraînant tout sur son passage. Pendant plusieurs siècles, le pont fut un sujet continuel d'alarmes et de dépenses. Emporté, puis restauré pour être emporté de nouveau, il compromettait le commerce, l'agriculture et imposait de lourdes charges à la communauté de Crest. L'histoire des phases qu'il a subies n'offre qu'un médiocre intérêt. Le dernier pont avait sept arches ; un mélange du gothique et du style moderne redisait que de nombreuses réparations l'avaient dépouillé de sa forme première. Insuffisant et menacé de ruine, il a été remplacé, il y a quelques années, par un pont monumental, réunissant la solidité, l'élégance et le confortable des plus belles constructions de ce genre.

L'architecture civile compte, soit aux abords du pont, soit dans l'intérieur, plusieurs édifices qui révèlent une tendance au luxe et au bon goût. Les places de la ville laissent beaucoup à désirer sous le rapport de la dimension. Celle des *Jubernaux* se présente dans de meilleures conditions ; elle est plantée d'arbres et devient le rendez-vous de tous ceux qui aiment à se reposer de leurs labeurs sous l'ombrage et loin du bruit. Crest possède plusieurs fontaines en différents quartiers ; la simplicité de leurs formes atteste aux étrangers que l'édilité municipale a eu moins en vue l'ornement de la cité que la commodité des habitants. Une tâche reste à remplir, c'est de mettre à l'ouverture de chaque rue un placard indicateur du nom qu'elle porte. Le zèle qu'elle a déployé pour créer une compagnie de sapeurs-pompiers, les sacrifices qu'elle s'est imposés pour obtenir l'éclairage au gaz, sont un garant de sa sollicitude à veiller aux intérêts confiés à sa mission. Dirigée par M. La Bretonnière, membre du conseil général et chevalier de la Légion d'honneur, l'administration actuelle s'inspire des besoins du jour ; elle saura maintenir l'œuvre de ses devancières et la compléter, en donnant à Crest toutes les améliorations qu'il est susceptible de recevoir. Qu'elle agisse avec confiance, car le succès couronnera ses efforts ; il repose sur des éléments de prospérité qui se développent et s'accroissent, fécondés par le génie du négoce et l'action vitale des établissements déjà existants. Une salle d'asile, un hôpital, un collège, des écoles gratuites, des ateliers, des manufactures, de grandes voies de communication (1), des foires et des marchés, en présence de ces avantages dus à l'initiative et aux aspirations du présent, l'horizon de Crest s'illumine de nouvelles clartés, ses habitants se prennent à espérer ; car le patriotisme voit, là, un gage des heureuses transformations qui marqueront l'avenir.

(1) Crest deviendra prochainement la tête d'une voie ferrée partant de Privas.

FIN.

www.ingramcontent.com/pod-product-compliance
Lightning Source LLC
Chambersburg PA
CBHW070242100426
42743CB00011B/2092